Gerhard Wagner

Da kräht kein Hahn nach!
Redewendungen aus der Natur

Allen Menschen gewidmet,
die sich für unsere bedrohte Natur engagieren

Gerhard Wagner

Da kräht kein Hahn nach!

Redewendungen aus der Natur

REGIONALIA
VERLAG

Vom selben Autor sind erschienen:
»Schwein gehabt! – Redewendungen des Mittelalters« (2010)
»Wer's glaubt wird selig! – Redewendungen aus der Bibel« (2011)
»Das wissen die Götter! – Redewendungen aus der Antike« (2012)
»Alltag auf der Burg: Alternative Fakten über das Leben im Mittelalter« (2021)

Impressum

Gerhard Wagner
Da kräht kein Hahn nach – Redewendungen aus der Natur

5. Auflage 2026

ein Imprint der Kraterleuchten GmbH,
Gartenstraße 3, 54550 Daun
Verlagsleitung: Sven Nieder

Bei Fragen zur Produktsicherheit wenden Sie sich an:
gpsr@kraterleuchten.com

Lektorat: Bruno Hof
Korrektorat: Tim Becker

Titelbild: Hahn aus »Wappen mit einem Löwen und einem Hahn« von Albrecht Dürer,
Ähren: iStock.com/Ihor Potysiev
Gestaltung, Satz, Umschlag: Björn Pollmeyer

Hergestellt in der Europäischen Union, Finidr, CZ

MIX
Papier aus verantwortungsvollen Quellen
FSC® C014138

ISBN 978-3-95540-389-8
www.regionalia-verlag.de

Inhalt

Vorwort

Da liegt der Hase im Pfeffer! – Redewendungen aus der Natur

Wenn man sich mit Redewendungen näher beschäftigt, wird man feststellen, dass die Sprache geradezu wimmelt von Ausdrücken, die ihre Wurzeln in Religion, Handwerk, Geschichte, Mythologie, Märchen, Militär und anderen Zusammenhängen haben. Bei der Recherche zu meinen Büchern über Redewendungen aus dem Mittelalter, der Bibel und der Antike sind mir aber auch viele Redensarten begegnet, in denen Tier- oder Pflanzennamen vorkommen. Flora und Fauna haben nämlich auch deutliche Spuren in unserer Sprache hinterlassen.

Das hat natürlich etwas mit der überragenden Bedeutung zu tun, die die Natur für jeden Menschen hat – wir sind ja, genau genommen, ein Teil der Natur, auch wenn immer mehr Zeitgenossen so tun, als ob man ohne sie auskommen könnte. Kein Wunder also, dass viele Tiere und Pflanzen auch in der Sprache vorkommen, denn die spiegelt ja unseren Erfahrungshorizont wider. Da wir in der Regel von Natur umgeben sind, gibt es eine ganze Reihe von Wörtern und Redewendungen, die, kaum noch als solche wahrgenommen, ihren Weg aus der Natur in unseren alltäglichen Wortschatz gefunden haben – ***Mit jemandem ein Hühnchen rupfen*** oder ***Einen Frosch im Hals haben*** und Ausdrücke wie ***Ochsentour***, ***Hammelsprung*** oder ***Erbsenzähler*** sind bekannte Vertreter.

Zugegeben, die meisten Redewendungen sind schon etwas älter. Redensarten »mit langem Haltbarkeitsdatum« wie ***Der Hahn im Korbe*** oder ***Über den grünen Klee loben*** sind heute oft nicht mehr ohne Weiteres verständlich, weil die historische Situation, sowohl in der Tierhaltung, der Landwirtschaft wie in der Natur überhaupt, nicht mehr bekannt ist. Moderne Produktionsmethoden, die Massentierhaltung, die zugebaute Landschaft und asphaltierte oder gepflasterte und damit lebensfeindliche frühere Naturräume machen es dem in unserer Epoche lebenden Menschen fast unmöglich, Zusammenhänge zu erkennen, unter denen viele Redensarten einmal entstanden sind.

Redewendungen sind nämlich nicht nur wie Brücken in die Vergangenheit, sondern auch wie Pfade in die Natur. Leider enden viele dieser Wege inzwischen in Sackgassen, weil viele Bezüge, auf die Redensarten zurückgehen, heute nicht mehr funktionieren. Die Natur tritt in unserer Zivilisation immer mehr in den Hintergrund und kann oft nur noch in Reservaten und zoologischen oder botanischen Gärten erlebt werden. Wer kann noch einen ***Rohrspatz*** schimpfen hören und wer könnte eine ***Kröte*** von einer ***Unke*** unterscheiden?

Wie bei meinen früheren Büchern handelt es sich auch bei dieser Publikation nicht um eine trockene wissenschaftliche Abhandlung; die Lektüre soll vielmehr wieder auf unterhaltsame Weise aufzeigen, woher die vielen »natürlichen« Redewendungen kommen. ***Stinken wie ein Wiedehopf*** oder ***Seinen Senf dazugeben*** sind heute noch gebräuchliche Wendungen und werden von jedem gemäß ihrer Aussage verstanden, aber weshalb eigentlich stinkt man ausgerechnet wie ein Wiedehopf, und warum gibt man seinen Senf und nicht seinen Ketchup dazu? Woher kommen diese Formulierungen ursprünglich und unter welchen Umständen sind sie einmal entstanden?

Eine harte Nuss knacken – Die neue Sicht auf die Natur

Von Kleinstlebewesen wie Bakterien und anderen Mikroben abgesehen, besteht die belebte Natur aus Tieren und Pflanzen. Beide unterscheiden sich in wilde und domestizierte Arten, in heimische und exotische. Gemäß dieser groben Aufteilung der Natur sind insgesamt sechs Buchkapitel entstanden. Zwei große Abteilungen beschäftigen sich jeweils mit der Tier- und der Pflanzenwelt, jede noch einmal unterteilt in domestizierte Tiere bzw. Pflanzen, heimische Wildtiere bzw. -pflanzen und exotische Tiere bzw. Pflanzen.

Das erste Kapitel ist Redensarten mit Tieren wie Hund, Katze, Kuh oder Schwein gewidmet, die gemeinhin als »Nutztiere« bezeichnet werden. Angesichts eines neuen Blicks auf die Natur ist das Verständnis, Tiere und Pflanzen einfach nur zu »nutzen«, nicht mehr zeitgemäß. Dazu war ein generelles Umdenken in der Gesellschaft notwendig, das Abschied nahm vom jahrhundertelang geltenden Bibelwort, dass nämlich der Mensch sich die Erde mit all ihren Geschöpfen »untertan« machen solle. Wir sind es den Tieren schuldig, sie als Mitgeschöpfe mit eigener Würde zu achten und sie nicht nur nach ihrem Nutzen für den Menschen – streicheln oder schlachten – zu klassifizieren. Demzufolge wird auch in diesem Buch vermieden, den »Nutzwert« eines Tieres durch eine entsprechende Benennung auszudrücken. Domestizierte Tiere werden vielmehr nach ihrem Lebensraum eingeordnet, nämlich dem Haus (vor allem Hund und Katze) und dem landwirtschaftlichen Anwesen, dem Hof (Pferd, Schwein, Rind, Huhn etc.). Analog werden auch Pflanzen nicht als »Nutz-«, sondern als »Kulturpflanzen« bezeichnet. Was die Einordnung mancher Tiere und Pflanzen in die genannten Kategorien betrifft, wurde nach eher oberflächlichen Kriterien vorgegangen. So gibt es die Ente auf dem Bauernhof, aber auch als Wildente, Tauben als Brieftauben, aber natürlich auch als wilde

Ringeltauben. Auch könnte man darüber streiten, ob ein Pfau ein Hoftier ist oder, trotz seiner inzwischen langen Haltung in Europa, ein exotisches Wildtier.

Dieses Buch kann natürlich keinen hohen wissenschaftlichen Anspruch haben. Die Fakten sind zwar sorgfältig recherchiert, differenziertere Erklärungen müssen aber der Fachliteratur vorbehalten bleiben. Denn bei der Erläuterung der Herkunft der Redewendungen ergab sich manchmal die Schwierigkeit, dass auf dem begrenzt zur Verfügung stehenden Raum die teilweise komplizierten biologischen Zusammenhänge nicht erklärt werden konnten. Hier sind die Leserinnen und Leser aufgerufen, durchaus noch einmal ihr altes Schul-Biologiebuch in die Hand zu nehmen oder in die jeweiligen Wikipedia-Artikel zu schauen. Vielleicht ist die Lektüre des vorliegenden Buches ja auch der Anlass, wieder einmal in die wunderbare Welt der Tiere und Pflanzen einzutauchen. Am besten natürlich per Abstecher in die lebendige Natur selbst, aber auch die Lektüre von »Grzimeks Tierleben« oder die gut recherchierten und professionell aufbereiteten Naturdokumentationen über das Leben in Savanne, Steppe, Dschungel und Tiefsee, aber auch bei uns um die Ecke, die einschlägige TV-Sender anbieten, werden zur Bewusstseinserweiterung beitragen.

Wissen, wie der Hase läuft – Was dieses Buch kann (und was nicht)

Es geht also in diesem Buch nicht um Flora und Fauna selbst, sondern um die Spuren, die sie in unserer Sprache hinterlassen haben. Dafür will das Buch die Augen öffnen. Wenn dabei ab und zu etwas Augenzwinkern im Spiel ist, sollte man nicht gleich ***aus einer Mücke einen Elefanten machen***. Hier sollen auf unterhaltsame Weise interessante Informationen über die in unserer Sprache so verbreiteten Bezüge zu Tieren und Pflanzen vermittelt werden.

Die Artikel zu den jeweiligen Redewendungen erscheinen innerhalb der Kapitel im Großen und Ganzen in alphabetischer Reihenfolge der zugehörigen Tiere oder Pflanzennamen. Dabei gibt es allerdings Ausnahmen: Da es sinnvoll war, zwei Artikel über dasselbe Tier oder dieselbe Pflanze auf einer Buchseite anzuordnen, wurde die alphabetische Reihenfolge nicht konsequent eingehalten. So kommt beispielsweise der Artikel zum »Fink« nach denen zum »Fisch«, und die »Spinne« kommt erst nach dem »Storch«. Redewendungen, in denen ein Bock vorkommt, stehen nicht am Anfang des Kapitels über Redensarten mit Haus- und Hoftieren, sondern an dessen Ende, weil es sich um

einen »Ziegenbock« handelt. »Schimmel« und »Rappe«, die einzigen Pferde mit identifizierbarer Rasse, findet man daher unter den Redensarten mit P wie »Pferd«, genauso wie Lamm und Hammel unter S wie »Schaf«.

Wie in meinen anderen Büchern habe ich, wenn sich die Gelegenheit bot, im Artikel zu einer bekannten Redewendung noch weitere, damit verwandte Redensarten oder auch Begriffe aufgeführt und kurz erläutert. Nicht aufgenommen wurden Wendungen wie ***Munter wie ein Fisch im Wasser***, die keiner Erklärung bedürfen, und echte Sprichwörter wie *»Eine Schwalbe macht noch keinen Sommer«*. Dagegen werden auch ältere Redensarten mit Begriffen wie »Hahnrei« oder »Backfisch« noch einmal erklärt, bevor sie ganz ausgestorben sind, eben weil niemand mehr etwas damit assoziiert. Des Weiteren hören sich manche Redewendungen oder Begriffe zwar so an, haben aber gar nichts mit Tieren zu tun wie die ***Schnapsdrossel*** oder der ***Amtsschimmel*** – hier soll die Gelegenheit genutzt werden, diese Redensarten, in denen nur scheinbar ein Tier oder eine Pflanze vorkommen, als solche zu entlarven. Im Gegensatz dazu gehen Wendungen wie ***Sich freuen wie ein Schneekönig*** oder ***Das ist kein Pappenstiel!***, die auf den ersten Blick aus anderen Zusammenhängen zu stammen scheinen, tatsächlich auf ein Tier oder eine Pflanze zurück, was ebenfalls hier aufgedeckt werden soll. Auch stößt man im Alltag hin und wieder auf einzelne Ausdrücke, die Bezug nehmen auf Tier- oder Pflanzennamen oder so klingen: Warum heißt ein Abhörgerät »Wanze« und die Hebevorrichtung »Kran«?

Sicher wird das Publikum viele populäre Redewendungen wie ***Das kann kein Schwein lesen*** vermissen. Angesichts der Menge habe ich darauf verzichtet, 36 weitere Redensarten mit Tieren oder Pflanzen, die ihre Wurzeln im Mittelalter, in der Bibel oder in der Antike haben und die ich schon in meinen anderen Büchern behandelt habe, hier noch einmal aufzuführen. Dazu gehört zum Beispiel ***Auf den Hund kommen***, das in *»Schwein gehabt! – Redewendungen des Mittelalters«* erklärt wird; ***Ein Wolf im Schafspelz*** wird in *»Wer's glaubt wird selig! – Redewendungen aus der Bibel«* erläutert und ***Eulen nach Athen tragen*** in *»Das wissen die Götter! – Redewendungen aus der Antike«*; am Ende dieser Publikation ist eine Liste dieser Redensarten mit dem Verweis auf das Werk enthalten, in dem sie ausführlich erklärt werden.

Bei der Lektüre des vorliegenden Buches wünsche ich nun viel Vergnügen und so manchen Aha-Effekt. Vielleicht kann es etwas dazu beitragen, dass einige bedrohte (Redens-)Arten vor dem Aussterben bewahrt werden.

Gerhard Wagner

Kapitel 1

Haus- und Hoftiere

»Da lachen ja die Hühner«

Von bunten Hunden und falschen Pferden

»Sie ist bienenfleißig«

Sie ist arbeitsam, geschäftig.

Welches ist weltweit das häufigste Nutztier? Nein, nicht das Huhn, das Schwein oder das Rind – es ist die Biene. Als domestizierter Honigproduzent hat sie besondere Bedeutung, weshalb sie mengenmäßig jede andere Nutztierart um Längen schlägt. Allein in Deutschland werden von 80.000 Imkern eine Million Bienenvölker gehalten! Kein Wunder also, dass der Begriff Biene in der Regel auf die Honigbiene reduziert wird, obwohl es weltweit über 20.000, in Deutschland immerhin 500 Bienenarten gibt, von denen die meisten Wildbienen sind, die einzeln leben und keinen Honig sammeln. Dass die Biene für den Menschen geradezu zum Synonym des Fleißes geworden ist, hängt natürlich damit zusammen, dass er diesen Eifer ganz hautnah in jedem Garten beobachten kann. Seit 2017 gibt es an jedem 20. Mai den UN-»Welttag der Bienen«, eine absolut verdiente Anerkennung, aber gleichzeitig auch ein Hinweis, wie notwendig eine solche Wertschätzung ist, denn die ökologische Bedeutung der Bienen kann gar nicht genug gewürdigt werden.

»Hummeln im Hintern haben«

nicht sitzen bleiben können, voller Tatendrang sein

In vielen Redewendungen – *»Mann und Maus«*, *»Kind und Kegel«* – trägt ein Stabreim zur Popularität bei; das dürfte auch bei dieser schon von Martin Luther in seine Sprichwörtersammlung aufgenommenen Redensart der Fall sein. Durch ihren Brummelton beim Fliegen und den Pelz, die beide an einen Bären erinnern, sind Hummeln beliebt, die – viel früher im Jahr als zum Beispiel Bienen – Blüten anfliegen und Honig sammeln. Hummeln können nämlich die zum Fliegen notwendige Körpertemperatur durch Vibration der Brustmuskulatur selbst erzeugen. Das macht sie zu wichtigen Unterstützern vieler Pflanzenarten. Hummeln werden auch als Bestäuber in Treibhäusern eingesetzt, wozu jährlich Millionen von Hummelnestern künstlich aufgezogen werden. Wer sich seinen Po voller brummelnder Hummeln vorstellt, muss den Sinn der darauf Bezug nehmenden Redewendung kaum weiter erklärt bekommen.

»Störrisch wie ein Esel«

widerspenstig

In den USA haben die beiden großen Parteien seit 1830 Symboltiere: die Republikaner den Elefanten, die Demokraten den Esel. Es erscheint etwas merkwürdig, dass ein Tier, das landläufig als dumm und störrisch gilt, dabei helfen sollte, Wahlen zu gewinnen. Man betonte einfach andere Eigenschaften des Esels, nämlich bescheiden, liebenswert, zwar etwas starrsinnig, aber auch schlau zu sein. Woher aber rührt der Aberglaube, der zu dem negativen Image des Esels geführt hat und zu ***Du dummer Esel!*** als Beschimpfung? Im Orient, wo er das Transport- und Reittier war, galt und gilt der Esel bis heute als besonders intelligent. Dass er dumm sei, ist eine neuzeitliche europäische Auffassung, die wohl damit zusammenhängt, dass Esel keine Fluchttiere sind, sondern als ursprüngliche Gebirgsbewohner in gefährlichen Situationen eher vorsichtig stehen bleiben und nicht kopflos davonrennen; Schläge oder gar Schreie nützen da gar nichts. Sie prüfen genau, bevor sie einen Schritt machen, wodurch sie den Ruf als störrische und dumme Tiere bekamen.

»Ein Eselsohr machen«

eine Buchseite als Lesezeichen einknicken

Seit Erfindung des Buchdrucks haben sich in diesem Gewerbe für viele Zeichen, orthographische oder Layout-Probleme intern Begriffe eingebürgert, die Laien merkwürdig vorkommen. So ärgert sich der Drucker über »*Hurenkinder*« und »*Schusterjungen*« beim Druckspaltenausgleich – beides Schimpfwörter, denn ein korrektes Schriftbild sieht Abweichungen nicht vor und der Setzer musste mit seiner Arbeit noch einmal von vorn anfangen. Etwas freundlicher hat die vor 200 Jahren oft verwendete Form des Anführungszeichens (»…«), die eine gewisse Ähnlichkeit mit dem Abdruck des Schwimmfußes einer Gans hat, zur Bezeichnung ***Gänsefüßchen*** geführt, was dann der Volksmund auch auf alle anderen Anführungszeichen übertragen hat. Wider Erwarten hat das ***Eselsohr*** aber mit der Druckersprache nichts zu tun, sondern die umgeknickte Ecke einer Buchseite wurde schon im 17. Jahrhundert so genannt. Dass nun bei uns ausgerechnet der Esel als Namensgeber herhalten musste – in England heißt so ein Knick »*dog-ear*« –, ist wohl auf die angebliche, ja sprichwörtliche Dummheit des Esels zurückzuführen.

»Ein hässliches Entlein«

ein unscheinbares Geschöpf

Ein bekanntes Kunstmärchen von Hans Christian Andersen handelt von einem Schwanenküken, das in einem Entennest ausgebrütet und wegen seines Aussehens – junge Schwäne sind tatsächlich nicht besonders niedlich – von den anderen als ***hässliches Entlein*** verspottet wird und sich schließlich zu einem schönen Schwan entwickelt. Diese Parabel hat direkt zu der Redensart geführt, ein weibliches Wesen, das nicht dem gängigen Schönheitsideal entspricht, als ***hässliches Entlein*** zu bezeichnen, wobei die Hoffnung mitschwingt, dass sich das ändern werde, wenn man nur lange genug wartet. Indirekt geht der in Deutschland übliche Kosename des Citroën 2CV ebenfalls auf Andersens Märchen zurück. 1948 wurde das damals neue Auto in den Niederlanden vorgestellt, wo ein Journalist es mit Bezug auf Andersen *»de lelijke eend«*, also »das hässliche Entlein« nannte. Nach Deutschland wurde der der gängigen Autoästhetik widersprechende Wagen erst 1959 exportiert, wo sich der Name umgehend verbreitete, allerdings in seiner Kurzform ***Ente***, die sich inzwischen von Andersens Märchen abgenabelt hat.

»Dumme Gans!«

Unintelligente Frau!

Dass Menschen mit Tiernamen belegt werden, ist weit verbreitet. Die ***dumme Gans*** ist ein weiterer Ausdruck, der beweist, dass der Mensch, nach Selbsteinschätzung die Krone der Schöpfung, einige seiner Mitkreaturen völlig falsch beurteilt. Ihr Geschnatter gilt schon seit Jahrhunderten als Zeichen mangelnden Verstandes, dabei besitzen Gänse eine ausgeprägte soziale Intelligenz. Im Unterschied zu Goethe, der von der Dummheit der Schnatterer überzeugt war, hat Selma Lagerlöf in ihrem Buch *»Die wunderbare Reise des kleinen Nils Holgersson mit den Wildgänsen«* den Gänsen und ihrer Klugheit ein literarisches Denkmal gesetzt. Gänse reagieren auch sensibel auf Gefahren und warnen laut schnatternd ihre Artgenossen. So sollen wachsame Gänse, die heiligen Tiere der Göttin Juno, im Jahre 390 v. Chr. das Kapitol in Rom vor der Erstürmung durch keltische Eroberer bewahrt haben, weil ihr Geschrei die Wächter warnte. Kluge Tiere, und wer gesehen hat, wie diese zwangsweise gestopft werden, um Gänseleber essen zu können, dem vergeht der Genuss.

»Im Gänsemarsch«

einer hinter dem anderen

Die Gänse liefern uns mit ***Im Gänsemarsch laufen*** eine weitere kuriose Redewendung, die sich auf eine drollig anmutende Eigenart dieses Federviehs bezieht. Gänseküken laufen der Mutter in einer Reihe, also hintereinander nach, was bei einem Gelege von zehn Küken schon sehr lustig aussehen kann. Im Tierreich kommt diese Form häufig bei Wasservögeln und ihren Jungtieren vor. Diese Art der Familienfortbewegung wurde früher »*Gänsegang*« genannt, später wurde in der – damals militaristisch angehauchten – Studentensprache der *Gänsemarsch* daraus. Heute nutzen Kleinkünstler diese Veranlagung zur Dressur auch erwachsener Gänse. Sie führen sie dann bei Straßenfesten im Gänsemarsch durch die Stadt, was beim Publikum meist große Belustigung hervorruft, die Gänse aber eigentlich zu etwas zwingt, was ihrer Natur zuwider ist, wenn sie durch johlende Menschenmassen watscheln müssen.

»Eine Gänsehaut bekommen«

eine emotionale Reaktion zeigen

Eine *Gänsehaut*, also Haut mit kleinen Erhebungen und aufgerichteter Körperbehaarung, die aussieht wie die einer gerupften Gans, kann man aus sehr unterschiedlichen, sogar konträren Gründen bekommen. Meist ist es Kälte, weswegen sich die Muskeln des Haarbalgs zusammenziehen und die Körperhaare sich aufrichten, so dass zur Verbesserung der Isolation der Körperoberfläche mehr Luft zwischen den Haaren eingeschlossen werden kann. Aber auch bei Angst kommt es zu dieser Reaktion; der Grund könnte in der fernen Vergangenheit zu finden sein und mit der für unsere behaarten Vorfahren geltenden Vergrößerung des Körperumfangs zusammenhängen, um Feinde abzuschrecken. Merkwürdigerweise bildet sich auch eine Gänsehaut, wenn man von einem Erlebnis positiv berührt ist; das kann für ein packendes Musikstück, eine emotionale Szene in einem Film oder auch eine patriotische Ergriffenheit gelten, wenn bei einer Siegerehrung die Nationalhymne gespielt wird. Übrigens nennen auch Briten, Italiener, Russen, Polen, Tschechen, Dänen, Letten und Ungarn ihre medizinisch so genannte »Piloerektion« nach der Gans.

»Von etwas so viel verstehen wie der Hahn vom Eierlegen«

keine Ahnung haben

Die 20 Milliarden Haushühner, die es ständig auf der Welt gibt, sind Abkömmlinge einer Wildhuhnrasse, die ursprünglich aus Südostasien stammt und vermutlich vor 4000 Jahren domestiziert wurde. Das Huhn ist – wenn man mal von den Bienen absieht – damit unser zahlenmäßig häufigstes Haustier. Der Mensch lebte jahrhundertelang eng mit seinen Hühnern zusammen, woraufhin sich eine ganze Reihe von Redewendungen entwickelt hat, die auf Eigenheiten des Federviehs zurückgehen. ***Von etwas so viel verstehen wie der Hahn vom Eierlegen*** ist eine davon, eine andere, die man nicht erklären muss, lautet ***Auf etwas sitzen wie die Glucke auf den Eiern.*** Aus der »Hühnerhofsoziologie« hat sich auch, als Metapher für das soziale Gefüge innerhalb einer Gruppe, der Begriff ***Hackordnung*** gebildet, denn in jeder Hühnerpopulation kann man beobachten, dass manche Hühner von anderen »gehackt« werden, also schmerzhaft weggepickt, während andere Hühner ihrerseits »hacken« – ganz wie bei den Menschen …

»Beim ersten Hahnenschrei«

in aller Frühe

Wie jeder, der einmal Urlaub auf dem Bauernhof gemacht hat, leidvoll festgestellt haben wird, haben Hühner – wie die meisten Vögel – einen anderen Tagesablauf als Menschen. Sogar noch vor der bekannten Herrgottsfrühe, der Zeit, in der die katholische Frühmesse beginnt, singen viele Vogelarten, und auch der – nicht besonders melodische – Gesang des Hahns ertönt bei Sonnenaufgang zum ersten Mal – man mag es kaum glauben, aber das Wort »Hahn« bedeutet etymologisch nichts anderes als »Sänger«. Mit seinem unüberhörbaren »Gesang« markiert er damit wohl sein Revier. Im Laufe des Tages kräht der Hahn auch zu anderen Anlässen, zum Beispiel, um seine Hennen zusammenzurufen, wenn ihr Chef etwas Fressbares gefunden oder einen Feind erspäht hat. Außer in der Massentierhaltung, wo es weder Hähne noch natürliches Licht gibt, richtet sich das Federvieh nach der Sonne und geht, wenn es abends dämmert, auf seine Schlafplätze, wo es dann ***wie die Hühner auf der Stange*** sitzt. Wenn man also nicht total unausgeschlafen aus dem Urlaub zurückkehren will, ist es ratsam, ***mit den Hühnern schlafen zu gehen***.

»Da kräht kein Hahn nach«

Das hat keine Bedeutung!

An einer Stelle in der Bibel spielt ein Hahn eine wichtige Rolle, auch wenn es nur eine Statistenrolle ist. Jesus prophezeit Petrus vor seiner Gefangennahme, dass er von ihm dreimal verleugnet werde, *»ehe der Hahn kräht«*. Eigentlich kräht der Hahn rein gewohnheitsmäßig bei Sonnenaufgang, trotzdem ist diese Bibelstelle der Ursprung für diese Redewendung: Wenn nach etwas kein Hahn kräht, hat das offenbar keine Bedeutung, im Gegensatz zu Petrus. Heutzutage werden ländliche Geräusche von vielen Anwohnern als Belästigung empfunden, meist von Zugereisten, die nach kurzer Zeit genervt feststellen, dass das Landleben Gerüche und Geräusche mit sich bringt, die einem erholsamen Schlaf abträglich sind. Vor allem der Hahnenschrei sehr früh am Tage, das tägliche Morgen-Grauen, hat bereits Gerichte bemüht, die aber meist Gebieten, in denen immer schon landwirtschaftliche Nutzung stattfand, den krähenden Hahn als ortsüblich attestierten. In Frankreich soll es sogar Bestrebungen geben, das Hahnenkrähen als geschütztes Kulturerbe anzuerkennen.

»Er ist Hahn im Korbe«

Er steht im Mittelpunkt.

Der Gockel als Chef auf dem Hühnerhof darf sich der ungeteilten Aufmerksamkeit seiner Hennen sicher sein; so lässt sich die Redewendung vom ***Hahn im Korbe*** interpretieren, wobei der Korb das Behältnis meinen kann, in dem Hühner inklusive Hahn zum Markt transportiert wurden, aber auch als Synonym für den Hof stehen kann. Der Hahn ist immer schon ein Phantasie anregendes Tier gewesen, mit seinem großen roten Kamm, auffälligen Kehllappen und rotbraunem, oft sehr feurig wirkendem Gefieder hat er zu der Redewendung ***Den roten Hahn aufs Dach setzen*** inspiriert – die lodernden Flammen eines in Brand gesetzten Hauses erinnern tatsächlich an einen flatternden roten Hahn! Aber auch sexuell gibt es diverse Bezüglichkeiten; als »Hahn« wird vulgärsprachlich manchmal der Penis bezeichnet, im amerikanischen Slang wird »cock« ebenfalls so verstanden. Mit ***Den Hahn zudrehen*** ist allerdings nur der Absperrhahn gemeint, der früher, ob Wasser- oder Zapfhahn, was das Aussehen angeht, einem Hahn ähnelte.

»Jemanden zum Hahnrei machen«

einem Ehemann untreu sein

Es gibt eine Reihe Redewendungen, die im Aussterben begriffen sind, weil in ihnen ein Begriff vorkommt, der heute nicht mehr geläufig ist. Ein solches Wort ist »Hahnrei«. Damit wurde früher ein Ehemann bezeichnet, der von seiner Frau betrogen wurde. Die Redensart ist aus demselben historischen, wenn auch skurrilen Zusammenhang zu erklären wie ***Hörner aufsetzen***. Früher war die Kastrierung von Hähnen üblich, wenn man besonders mildes und fettreiches Fleisch gewinnen wollte. Diesen »Kapaunen«, den nach dem italienischen »capponare« (»schneiden«) benannten kastrierten Hähnen, wurden, um sie auf dem Hühnerhof identifizieren zu können, die Sporen abgeschnitten und an den Kopf verpflanzt, wo sie anwuchsen. Diese Hähne sahen dann aus wie gehörnt, wie ein Reh, eben ein »Hahnreh«. Ein Hahnrei galt als komische Figur und verachtenswert, weil er, wie ein Kastrat, den Ehebruch der Gattin hinnimmt. Im Mittelalter wurde er, mit Hörnern auf dem Kopf rückwärts auf einem Esel sitzend, durch die Stadt geführt und gern auch in Komödien oder auf Spottbildern lächerlich gemacht.

»Du dummes Huhn!«

Du bist einfältig!

Zugegeben, Hühner machen keinen auffallend intelligenten Eindruck. Ihr Leben besteht aus Scharren, Picken, drollig anmutendem Rennen zur Futterstelle oder wildem Flattern, wenn sie aufgeschreckt werden. Dabei darf man nicht vergessen, dass Haushühner eine sehr lange Phase der Degeneration hinter sich haben, in der sie viele Eigenschaften, die ihren Vorfahren, den Wildhühnern, das Überleben sicherten, verloren haben. Aber die Forschung hat bei unseren gefiederten Haustieren noch beachtliche Intelligenzleistungen nachgewiesen. Auf ihrer Ebene sind Hühner also nicht so dumm wie sie aussehen. Als ***verrücktes Huhn*** wird jemand bezeichnet, der sich verhält wie manche Hühner, die scheinbar ohne Grund auf dem Hühnerhof aufgescheucht herumflattern – ***der reinste Hühnerhaufen***. Dabei ist das ein Verhalten, das sie von ihren Vorfahren geerbt haben; wilde Hühner begeben sich nämlich ungern aus der Deckung aufs freie Feld, denn sie sind sich ihres Schicksals als Beutetiere vieler Raubtiere bewusst. Da herrscht auch bei ihren Nachkommen noch Panik, wenn sie erschreckt werden.

»Da lachen ja die Hühner!«

Etwas ist total lachhaft, ja absurd.

Zunächst möchte man meinen, diese Redensart gehöre in die Kategorie spaßiger Floskeln wie ***Ich glaub, mein Schwein pfeift***. Aber im Unterschied zu des Pfeifens unkundigen Schweinen hat die Redewendung von den belustigten Hühnern einen Realitätsbezug, wenn auch einen schmalen. Der steht mit dem hühnereigenen Gackern im Zusammenhang. Mit diesen Lauten, die tatsächlich an Gelächter erinnern, verständigen sich alle erwachsenen Haushühner, und diese Hühnersprache ist vielfältiger, als das menschliche Ohr wahrnimmt. Auf dem Hühnerhof hört man ein Huhn in der Regel gackern, wenn es ein Ei gelegt hat, aber es gibt auch modifizierte Warn-, Droh- und Lockrufe, sogar auch ein Gackern, das Unbehagen ausdrückt. Hühner verfügen also über ein durchaus nennenswertes Kommunikationsrepertoire, was auch ein ausgeprägtes Sozialverhalten zur Voraussetzung hat. Leider können sie damit in modernen Ställen mit Zigtausenden von Tieren wenig anfangen ...

»Mit jemandem ein Hühnchen zu rupfen haben«

mit jemandem noch eine Rechnung offen haben

Die Verkleinerungsform »Hühnchen« soll im Mittelalter ein beliebtes Kosewort für junge Mädchen gewesen sein, so wie Mann und Frau ohnehin immer mal wieder mit Hahn und Huhn verglichen wurden, wobei der »Hahn« meist wegen seiner Gockel-Allüren aufs Korn genommen wurde. Das hilft aber bei der Erklärung der Redensart vom Hühnchen-Rupfen nicht weiter. Auch wenn das nicht ganz eindeutig ist, kann man hier womöglich auf die ursprüngliche Formulierung, nämlich »Händel ausraufen«, also handgreiflich werden, zurückgreifen. Das meist in der Mehrzahl gebrauchte und inzwischen so gut wie ausgestorbene Wort »Händel« für eine handgreifliche Auseinandersetzung klingt genauso wie die in Süddeutschland gebräuchliche Bezeichnung »Hendl« für ein junges Huhn. Da »rupfen« früher – nicht wie heute im Sinne von »zerren« oder, wie beim Unkraut, »ausreißen« – auch in der Bedeutung von »tadeln« oder »schimpfen« gebraucht wurde, sogar auch wie »raufen«, könnte dies im Volksmund diese Redensart hervorgebracht haben.

»Ein elendes Hundeleben«

eine bedauernswerte Existenz

Seit Jahrtausenden Begleiter des Menschen, ist der Hund merkwürdigerweise sehr ambivalent bewertet. Einerseits bewacht er – als ***scharfer Hund*** – Haus und Hof, begleitet – ***aufpassend wie ein Schießhund*** – den Jäger, und Adlige ließen sich im Mittelalter mit ihm als Sinnbild der Treue abbilden, andererseits wird er gering geschätzt und geradezu verachtet. Vielleicht hat die Unterwürfigkeit des Hundes zu seinem schlechten Image beigetragen, er ist ja seinem Herrchen oder Frauchen geradezu ***hündisch*** ergeben. Früher war die schlechte Behandlung der Haushunde nicht selten, sie führten trotz ihrer Treue ein teilweise erbärmliches ***Hundeleben***, weshalb sich in unserer Sprache die Geringschätzung des Hundes seit dem 16. Jahrhundert in vielen Wortbildungen mit »hund-« widerspiegelt: wenn es jemandem schlecht ist, ist es ihm ***hundeübel***, wenn man krank ist, geht es einem ***hundsmiserabel***, man ist ***hundemüde***, wenn einem die Augen zufallen, und ***hundsgemein***, wenn man jemandem Unrecht tut. Die Geringschätzung kommt auch in Redensarten wie ***Bei diesem Wetter jagt man keinen Hund vor die Tür*** und in Flüchen wie ***Du blöder Hund!*** zum Ausdruck.

»Bekannt wie ein bunter Hund«

sehr prominent

Kein Wunder, dass der Hund als ältestes Haustier viele Sprichwörter und Redensarten geprägt hat. ***Bekannt wie ein bunter Hund*** nannte man eine prominente Persönlichkeit schon im 17. Jahrhundert. Hunde waren nämlich wegen ihrer direkten Abstammung vom Wolf früher nur braun oder grau; erst durch Mutation und Kreuzung erzielte man Farben und Fellmuster, so dass entsprechend ungewöhnlich aussehende Hunde im Straßenbild auffielen. Ebenso selten war ein ungewöhnlich gut genährtes Tier, was zu dem Ausruf ***Das ist ja ein dicker Hund!*** geführt hat, was heute eine Unverschämtheit umschreibt. Im Mittelalter wurden Hunde nämlich nicht dick, sondern mussten sich von Abfällen ernähren, sodass ein fetter Hund eine bemerkenswerte Ausnahme war. Ein ganz spezieller Hund verliert heutzutage stark an Bedeutung: der ***Anstandswauwau***. So wurde vor hundert Jahren eine Frau genannt, die wie ein Wachhund junge Damen zum Rendezvous begleitete, damit dort in moralischer Hinsicht nichts schiefging. Heute nehmen Mädchen ihre Freundin mit aufs Klo, aber nicht zum Date …

»Da wird doch der Hund in der Pfanne verrückt!«

Das ist doch nicht zu fassen!

Auf Till Eulenspiegels Streiche gehen bis heute erhaltene Redewendungen zurück. Eine davon bezieht sich auf eine Geschichte, in der der Schelm, der sich dümmer stellte als er war, seinen Mitmenschen einen Streich spielte, der damit zu tun hatte, dass er manchmal – ähnlich Karl Valentin 500 Jahre später – zum Spaß alles wörtlich nahm. Er soll damals bei einem Braumeister in Einbeck gearbeitet haben, der einen Hund namens Hopf besaß. Er beauftragte Till, in seiner Abwesenheit Hopfen zu sieden. Vermutlich ist der Grund für das folgende »Missverständnis«, dass damals auch Eigennamen dekliniert wurden, also der Akkusativ von Hopf »Hopfen« lautete. Eulenspiegel nahm also kurzerhand den armen Hund und warf ihn in die große Braupfanne, wo sich der natürlich absolut unwohl fühlte. Vom heimgekehrten empörten Meister zur Rede gestellt, behauptete Till, nur getan zu haben, was ihm aufgetragen worden sei. Die Redensart selbst ist erst im 20. Jahrhundert, als die Eulenspiegel-Geschichten wieder populär waren, entstanden und wird heute bemüht, wenn jemand seine Entrüstung etwas originell ausdrücken will.

»Mit den großen Hunden pissen wollen«

mit wichtigen Leuten mithalten wollen, ohne die notwendigen Voraussetzungen zu haben

In vielen Redewendungen werden Verhaltensweisen von Tieren als Metapher für menschliches Benehmen benutzt. So auch hier. Männliche Hunde heben bekanntlich beim Pinkeln ein Bein, nicht nur, um sich nicht selbst zu besudeln, sondern auch zur Markierung ihres Reviers, mit möglichst hoch platziertem Urinstrahl, um die eigene Größe anzuzeigen. Jemand, der krampfhaft versucht, zu bedeutenden Menschen zu gehören, wird mit dieser Redensart verspottet, zur Erklärung gleich noch mit dem Zusatz ***... aber das Bein nicht heben können!*** So mancher muss ja auch erst mal ***den inneren Schweinehund besiegen***, also Faulheit oder innere Widerstände überwinden. Der Begriff, der bereits seit dem Ersten Weltkrieg im Gebrauch ist, geht auf den zur Wildschwein-Jagd eingesetzten Sauhund zurück, der spezialisiert war auf Hetzen, Ermüden und Festhalten der Beute. Bei der Jagd fällt krankes und schwaches Wild, das nicht fliehen kann, den Jagdhunden zum Opfer; seit dem 17. Jahrhundert sagt man daher, wenn ein Mensch verwahrlost oder herunterkommt, dass er ***vor die Hunde geht***.

»Keine schlafenden Hunde wecken«

vermeiden, Aufmerksamkeit zu erregen

Einen unehrlichen Mann als ***krummen Hund*** zu bezeichnen, hat damit zu tun, dass schon im Mittelalter »krumm« für »unrecht« stand, man nahm ja auch etwas »krumm«. Hunde bemerken normalerweise sofort, wenn jemand Verdächtiges in die Wohnung eindringt. Trotzdem sind auch sie ab und zu mal müde, und dann müssen Eindringlinge versuchen, ***keine schlafenden Hunde zu wecken***, also unnötig Aufmerksamkeit zu erregen. Da Hunde immer schon wachsam waren, ist die Redewendung schon sehr alt und findet sich bereits in Gedichten des 15. Jahrhunderts. Vor zweihundert Jahren entstand die Wendung ***Damit lockt man keinen Hund hinter dem Ofen hervor***. Diese Redensart, die meint, dass etwas nichts taugt, langweilig oder uninteressant ist, hat damit zu tun, dass Hunde früher unter freiem Himmel gehalten wurden, nur in einer Hundehütte. Im Winter durfte er sich aber einen Platz am warmen Ofen suchen. Wenn es dort auch Katzen gab, entstand das Problem, dass Hunde und Katzen verschiedene Körpersprachen haben und sich deshalb oft missverstehen. Das hat zu der Redensart geführt, dass zwei Menschen, die dauernd streiten, sich ***wie Hund und Katze*** verhalten.

»Wie ein begossener Pudel dastehen«

einen bemitleidenswerten Anblick bieten

Bei der Beschäftigung mit Pudel-Redewendungen muss zunächst geklärt werden, dass »Pudel« nur eine Kurzform von »Pudelhund« ist. Wenn man weiter berücksichtigt, dass das niederdeutsche »puddeln« so viel wie »planschen« bedeutet, kommt man zur Entstehungsgeschichte dieser Rasse, denn Pudel sind ursprünglich als Jagdhunde gezüchtet worden, spezialisiert auf die Apportierjagd auf Wasservögel. Pudelherrchen werden es bestätigen: Ihr Hund fühlt sich im Wasser ***pudelwohl***. Dass er ***pudelnass*** eher jämmerlich aussieht und durch schüttelnde Bewegungen das Wasser aus dem Fell schleudert, als ob er Nässe verabscheuen würde, hat wohl die Redensart vom ***begossenen Pudel*** bewirkt. Goethe hat uns eine weitere Pudel-Redewendung beschert. Als sein Faust einen ihm unheimlich erscheinenden Pudel bemerkt und diesen dann mit Magie beschwört, stellt sich heraus, dass der Hund eine Inkarnation des Teufels ist. Als sich der Pudel in Mephisto verwandelt hat, erkennt Faust: ***»Das also war des Pudels Kern«***; diese Feststellung, heute allerdings in der Präsenzform, wird benutzt, wenn man den wahren Hintergrund einer Sache erkennt.

»Da beißt sich die Katze in den Schwanz«

Das ist ein Teufelskreis.

Katzen lieferten durch ihr charakteristisches Verhalten dem Volksmund schon immer Anlässe, Redewendungen zu bilden. So sind Katzen sehr reinlich und putzen sich ständig. Eine oberflächliche, flüchtige Körperwäsche mit wenig Wasser ***Katzenwäsche*** zu nennen, tut dem Stubentiger daher Unrecht. Auch wenn Katzen wenig Speichel zur Reinigung verwenden, gleichen sie das durch häufiges sich Putzen aus, was immer ganz ***putzig*** aussieht. Katzen können aber auch drohen, indem sie fauchen und einen Buckel machen. Aber auch das Gegenteil ist möglich, wenn eine Katze sich einschmeicheln will; dann streicht sie nämlich Frauchen oder Herrchen mit rundem Buckel um die Beine, was zur Redensart ***Vor jemandem katzbuckeln***, also devotes Verhalten an den Tag legen, geführt hat. Katzen spielen auch gern und versuchen dabei manchmal, ihren eigenen Schwanz zu fangen. Das daraus abgeleitete ***Da beißt sich die Katze in den Schwanz*** meint eine paradoxe Situation, wenn man beispielsweise für eine Wohnungsanmietung einen Arbeitsplatz nachweisen muss, ohne Wohnung aber die Arbeitsstelle nicht annehmen kann.

»Mit jemandem Katz und Maus spielen«

jemanden hinhalten, im Unklaren lassen

Martin Luther vermerkte in seiner Sprichwörtersammlung: »Der Katzen Spiel ist der Mäuse Tod«. Katzen spielen tatsächlich noch eine Weile mit ihrer Beute, aber nicht aus Grausamkeit, sondern wohl um sicher zu sein, dass die Maus zu schwach ist, um selbst noch schmerzhaft zubeißen zu können. Wenn Menschen nicht sofort zur Sache kommen, vergleicht man das mit diesem Verhalten. Fressen heute Katzen noch Mäuse? Im Supermarkt kann man sich über Hunderte von Katzenfutter-Sorten nur wundern. Klar, die Stubentiger sind ***Naschkatzen***, aber in den längst vergangenen Zeiten, als sie sich ihr Fresschen noch selbst erjagen mussten, kam es höchstens einmal vor, dass ihnen Essensreste überlassen wurden – das war dann ***alles für die Katz'***. Dass manche Menschen, die mit einer unangenehmen Wahrheit nicht herausrücken wollen, darum ***herumschleichen wie die Katze um den heißen Brei***, muss wohl nicht näher erläutert werden, denn jeder weiß, dass Katzen heißes Essen nicht fressen und deshalb den Napf umkreisen, um eine genießbare Stelle zu finden.

»Die Katze aus dem Sack lassen«

eine bisher verschwiegene Tatsache offenbaren

Die Entfernungsangabe ***Nur ein Katzensprung,*** die schon seit dem 16. Jahrhundert gebräuchlich ist, gehört nicht zu den Eichmaßen und meint daher eine subjektiv empfundene, nicht allzu große Strecke. Subjektiv empfunden wird auch Musik. Wenn sie an das Schreien und Jaulen brünstiger Kater denken lässt, wird schrille Musik und unmelodischer Lärm schon seit dem 17. Jahrhundert Katzenmusik genannt. Wenn jemand zugeben muss, dass er bisher ein überraschendes Detail verschwiegen hat, muss er die Katze aus dem Sack lassen, was darauf zurückgeht, dass auf dem Markt früher Tiere zum Abtransport in einen Sack gesteckt wurden. Wenn ein betrügerischer Verkäufer statt des erworbenen Kaninchens eine streunende Katze in den Sack gesteckt hatte und erwischt wurde, musste er diesen Betrug offenbaren. Ursprung der Redensart ***Der Katze die Schelle umhängen,*** die dafür steht, dass jemand eine gefährliche Aufgabe übernehmen soll, ist eine alte Fabel, in der Mäuse beschließen, der Katze eine Glocke umzuhängen, damit sie ihren Feind kommen hören.

Einen »Kater« haben

sich schlecht fühlen nach zu viel Alkoholgenuss

Die Katze muss zu einigen volkstümlichen Begriffen herhalten, die entweder gar nichts oder nur indirekt etwas mit ihr zu tun haben. So ist mittlerweile bekannt, dass der ***Kater***, unter dem man nach durchzechter Nacht am nächsten Morgen leidet, eine volksetymologische Umbildung des medizinischen Terminus »Katarrh« ist, dessen Krankheitsbild unter anderem Kopfschmerzen beinhaltet; ob man diesen ***Katzenjammer*** mit einem ***Katerfrühstück*** überwinden kann, ist umstritten. Das 1934 erfundene und von Straßenleitpfosten bekannte ***Katzenauge*** ist ein so genannter Retroreflektor, in dem kleine Glaskörper und Spiegel so sinnreich untergebracht sind, dass sie das Licht wie die Augen einer Katze reflektieren. Wie Gold glitzernd, aber wertmäßig eher für die Katz' ist ***Katzengold***, dem Fachmann bekannt als Pyrit oder Schwefelkies; der dem Gold angefügte Tiername soll hier, wie beim »Gänsewein«, der ja auch nur aus Wasser besteht, die mindere Qualität ausdrücken. Auch die ***neunschwänzige Katze*** ist keine Missgeburt mit zu vielen Schwänzen, sondern war eine in der Seefahrt zur Bestrafung verwendete Peitsche mit neun Schnüren.

»Die Kuh vom Eis holen«

für eine schwierige Situation eine Lösung finden

Solange Kühe noch nicht in Turbo-Ställen mit Fließband-Melkrobotern standen, war die Kuh der Inbegriff des Ländlichen. Ein ***Kuhdorf*** war die Provinz schlechthin, wo einem das Milchvieh noch auf der Straße begegnen konnte und wo dann und wann ein ***Kuhhandel*** stattfand, ein durch undurchsichtige Abläufe geprägtes fragwürdiges Geschäft, das seinen seit über hundert Jahren gebräuchlichen Namen nach dem bauernschlauen Viehhandel hat, der seit alters her in keinem guten Ruf stand, weil hier manchmal negative Details der lebendigen Handelsware verschwiegen und positive überbetont wurden. Auf dem Land mit seinen kleinen Teichen musste man auch gelegentlich ***die Kuh vom Eis holen***, also eine schwierige Lage entschärfen; das konnte manchmal ganz schön knifflig sein – kein Wunder, so ein schweres Rindvieh, das sich auch auf dem Land nicht besonders elegant bewegt, ist auf Eis entsprechend hilflos und bricht leicht ein.

»Das ist eine heilige Kuh«

Das ist etwas, an dem keine Kritik zugelassen wird.

Kühe sind hierzulande zwar nicht unantastbar wie in Indien, wo ihre Tötung aus religiösen Gründen tabu ist. Dennoch gibt es auch hier hin und wieder ***eine heilige Kuh***, also etwas, das nach Ansicht einer Einzelperson oder einer Gruppe nicht infrage gestellt werden darf. Um einen Kompromiss zu ermöglichen, muss dann manchmal doch ***eine heilige Kuh geschlachtet***, also ein Dogma über Bord geworfen werden. Wenn man jemanden über das geplante Vorgehen im Ungewissen lässt, nennt man das ***Mit ihm Blindekuh spielen***. Das Spiel – und auch die Redewendung – hat aber mit echten Kühen nichts zu tun, denn in Italien heißt das Spiel mit den zugebundenen Augen »Blinde Fliege«, in Portugal »Blinde Hündin« und in Spanien »Blindes Huhn«. Leider darf man nicht unterschlagen, dass gelegentlich Frauen von uncharmanten Männern mit Kühen verglichen werden; wegen der angeblichen geistigen Beschränktheit des Rindviehs werden sie despektierlich als ***dumme***, ***blöde*** oder auch ***dusselige Kuh*** beschimpft – ***das geht auf keine Kuhhaut!***

»Den Stier bei den Hörnern packen«

eine schwierige Aufgabe aktiv angehen

Der Stier ist genau genommen eine Kampfmaschine. Er ist, wenn er nicht durch Kastration zum Ochsen wurde, kaum zu beherrschen, denn mit seinen Waffen, den spitzen Hörnern, ist er gefährlich ***wie ein wilder Stier***. Ein solch wehrhaftes Biest festzuhalten, indem man ***den Stier bei den Hörnern packt***, bedarf großen Mutes und einer ausgeprägten Entschlusskraft. Vom blutunterlaufenen Blick des gereizten Stieres wird das ***Stieren***, also das intensive Anstarren, abgeleitet. Ein anderes Wort für das männliche Rind ist bekanntlich »Bulle«. Während der Stier eine gewisse Athletik mitbringt, ist der Bulle feister, imposanter. Auch wenn in den USA Polizisten als »pigs«, als »Schweine«, beschimpft werden, kommt die volkstümliche deutsche Bezeichnung ***Bulle*** wohl nicht aus dem Viehstall, sondern hängt mit einer mundartlichen Konsonantenschwächung von »Polizei« über »Polente« zu »Bulle« zusammen. Seit TV-Serien wie ***»Der Bulle von Tölz«*** oder ***»Der gute Bulle«*** gilt das frühere Schimpfwort inzwischen als derbes Kompliment und wird kaum noch bestraft.

»Wie ein Ochs' vorm Berge«

unfähig, ein einfaches Problem zu lösen

Die »naturbelassene« Variante des männlichen Rinds nennt man Stier, die kastrierte Ochse. Ein Stier ist kaum zu bändigen; nur durch die Kastration war es möglich, dieses kräftige Tier für die Landwirtschaft zu nutzen. Ein Ochse lässt sich nämlich gut abrichten, ist gutmütig und trotzdem stark; daher diente ursprünglich er – und nicht das Pferd – als Zugtier, schon seit dem 4. Jahrtausend v. Chr. Die schwere Arbeit vor dem Pflug oder Wagen hat für angestrengtes Lernen auch den Ausdruck ***Ochsen*** – mit der »wilden« Variante ***Büffeln*** – hervorgebracht; auch die ***Ochsentour*** durch die diversen Parteiebenen ist mühsam für das Mitglied, das Parteikarriere machen will. Neben seiner Gutmütigkeit gilt der Ochse aber auch als dumm, was zur Bildung des Schimpfworts ***Du Hornochse!*** für einen intellektuell Minderbemittelten geführt hat. Ein solcher steht denn auch vor einem Problem ***wie ein Ochs' vorm Berge***, ohne zu wissen, wie es weiter gehen soll. Wenn sich jemand herausputzt, ist er ***geschmückt wie ein Pfingstochse***, ein mit Blumen und Bändern dekorierter Ochse, der im Frühling im Alpenland den Viehauftrieb auf die Weide anführt.

»Das hält ja kein Pferd aus!«

Das ist schwer erträglich!

Schon vor ungefähr 5000 Jahren lassen sich Pferde als Haus- bzw. Nutztiere nachweisen. Sowohl als Reit- als auch als Zugtiere nutzbar zu sein, machte sie weltweit zu unverzichtbaren Helfern sowohl in der Landwirtschaft, im Transport, auch in der kriegerischen Auseinandersetzung; das Pferd wurde aber auch als Fleisch-, Milch- und Lederlieferant gezüchtet. Kein Wunder, dass es viele Redewendungen gibt, die sich auf das Pferd und seine Verhaltensformen beziehen und Menschen mit Pferden vergleichen. Heute werden Pferde in Europa ja kaum noch als Arbeitstiere, also Ackergäule oder Zugtiere für Pferdewagen, genutzt, aber ihre früher allgemein bekannte Strapazierfähigkeit ließ Redensarten wie ***Schuften wie ein Pferd*** oder ***Das hält ja kein Pferd aus!*** entstehen; auch ***Keine zehn Pferde kriegen mich dahin!*** kommt aus diesem Kontext, denn normalerweise wurden von so vielen Pferden früher nur Lafetten mit großkalibrigen Kanonen gezogen, und zehn Pferdestärken waren über lange Zeiträume die ultimative Energie.

»Mit dem kann man Pferde stehlen«

Der ist zuverlässig.

Pferde gibt es in verschiedenen, das Temperament betreffenden Abstufungen als Voll-, Warm- und Kaltblüter. Vor allem Vollblüter neigen dazu, schreckhaft und impulsiv zu sein; da wäre es dann keine Kunst, ***die Pferde scheu zu machen***, was natürlich vor allem für Fohlen gilt: ***Immer sachte mit den jungen Pferden!*** kann redensartlich auch auf den Umgang mit jungen Menschen übertragen werden. Um Pferde zu entwenden, braucht man jemanden, ***mit dem man Pferde stehlen kann***, also einen zuverlässigen und belastbaren Partner, dem nicht so leicht ***die Pferde durchgehen***, der also nicht unbeherrscht handelt oder gar die Nerven verliert. Eine modernere Redewendung ist ***Jemandem einen vom Pferd erzählen*** – betrügerische ***Rosstäuscher*** priesen nämlich auf dem Pferdemarkt ahnungslosen Käufern ihre Ware mit blumigen Worten an, die oft mit der Realität nichts zu tun hatten. Apropos Ross: Das ist ein edles Pferd, das als Reittier des Ritters, als »Schlachtross« diente, das im Hochmittelalter auch »Mähre« genannt wurde, wovon sich übrigens »Marschall« und »Marstall« ableiten.

»Das Pferd von hinten aufzäumen«

etwas in der falschen Reihenfolge anfangen

Vielleicht konnte Winnetou ganz ohne Sattel und Zügel reiten, aber normalerweise können Pferde nur mit Zaumzeug überhaupt erst dienstbar gemacht werden. Wer aber ***das Pferd von hinten aufzäumt***, also in der verkehrten Reihenfolge an eine Aufgabe herangeht – denn Pferden wird zuerst das Zaumzeug, also das Kopfgeschirr angelegt – der wird wohl scheitern. Im frühen Mittelalter verbreitete sich dann das Hufeisen; ***gut beschlagen in etwas sein*** bedeutet seitdem, dass jemand in einer Sache kenntnisreich ist, denn das Beschlagen ist das Anpassen der Hufeisen durch einen Hufschmied, wodurch der Huf, vor allem bei trockenem Untergrund, vor übermäßigem Abrieb geschützt ist. Neben den landwirtschaftlichen oder militärischen Anwendungsbereichen für Pferde gibt es natürlich auch noch den sportlichen, in dem man, zum Beispiel beim Toto, ***aufs falsche Pferd setzen*** kann, wenn man ***das beste Pferd im Stall*** nicht kennt. Wer so eine Pferdewette überraschend verliert, stöhnt dann vielleicht: ***Ich glaub, mich tritt ein Pferd!***

»Eine Pferdenatur haben«

stark belastbar sein

Weil Pferde so stark sind und gesund aussehen, glauben wohl viele Zeitgenossen, dass nichts Pferden etwas anhaben kann. Daraus hat sich im Volksmund diese Redewendung von der ***Pferdenatur*** entwickelt. Natürlich können sie aber genauso erkranken wie andere Säugetiere, und die Liste der Pferdekrankheiten ist lang. Kein Irrtum des Volksmundes hat dagegen zu der Redensart ***Man hat schon Pferde kotzen gesehen*** geführt, mit der man ausdrücken will, dass man befürchtet, dass etwas geschieht, was man für undenkbar gehalten hat. Denn tatsächlich ist es aus physiologischen Gründen so gut wie unmöglich, dass Pferde sich übergeben. Ihr Magen hat nämlich einen speziellen, einem Rückschlagventil ähnlichen Klappmuskel, der verhindert, dass Gefressenes den Magen in der falschen Richtung verlässt. Erbrechen kann aber, wie jeder weiß, der etwas Falsches gegessen hat, auch zu Erleichterung führen. Daher kann das für sie richtig gefährlich werden, wenn Pferde nicht kotzen können. Dass sich Pferde »vor der Apotheke« übergeben würden, ist eine spaßige Erweiterung der Redensart, die darauf Bezug nimmt, dass man bei Brechreiz medikamentöse Hilfe in Anspruch nehmen sollte.

»Da wiehert der Amtsschimmel«

Das ist ein Übermaß an Bürokratie!

Dieses weiße Pferd gibt es gar nicht. Vielmehr wartet man manchmal auf die Antwort von Behörden auf eine Eingabe, bis man irgendwann glaubt, dass dieser Vorgang mittlerweile eigentlich Schimmel angesetzt haben müsste, oder zumindest so viel Staub, dass es wie Schimmel aussieht – fertig ist die Redewendung, die mit der Doppeldeutigkeit des Begriffs spielt. Übrigens steht der Ausdruck ***Du Faulpelz!*** in direktem Zusammenhang mit dem oben genannten Schimmel und hat auch nichts mit Tierfellen zu tun. Jeder kennt den Belag, der sich auf alten, verfaulenden Lebensmitteln bildet. Der aus Schimmelsporen gebildete Fäulnispelz ist gut geeignet, arbeitsscheue Zeitgenossen davor zu warnen, auf der faulen Haut zu liegen und einen solchen »Faulpelz« anzusetzen. Auf das Gegenteil eines – weißen – Schimmels bezieht sich folgende Redensart. Dabei handelt es sich um eine Anspielung auf die schwarzen Schuhe, die der Schuhmacher früher herstellte. ***Auf Schusters Rappen*** wandert also auf den Reitpferden des kleinen Mannes, wer sich die Reise ***hoch zu Ross*** nicht leisten kann.

»Sanft wie ein Lamm«

sehr brav, zahm, geduldig

Das Schaf gehört zusammen mit dem Rind und der Ziege zu den ersten domestizierten Tieren. Ursprünglich vom Mufflon abstammend, hat es in der Geschichte der Menschheit große Bedeutung als Milch-, Fleisch-, Woll- und Felllieferant. Besonders das junge Schaf, das Lamm, hat auch Spuren in unserer Sprache hinterlassen. Da kleine Schäfchen als Symboltiere des Unschuldigen und Sanften gelten, nennt man Menschen, die ohne Vorurteile und Aggressionen sind, ***sanft wie ein Lamm*** oder auch ***lammfromm***. Apropos fromm: Die Tatsache, dass das Lamm im Alten Testament zu den üblichen Opfertieren gehörte, hat ihm eine wichtige Rolle auch im Christentum verschafft: Als ***Lamm Gottes*** steht es für das Opfer Jesu am Kreuz, und Jesus selbst wird in der Offenbarung des Johannes mit einem Lamm verglichen. Auch sieht die Kirche den Pfarrer und die Gemeinde wie einen Hirten mit seiner Herde, gemäß dem Jesus-Wort an Petrus: »Weide meine Lämmer!«.

»Jemandem die Hammelbeine lang ziehen«

jemanden heftig tadeln

Sogar der berühmte Zoologe und Tierforscher Alfred Brehm hielt Schafe noch für dumm, ängstlich und feige. Die Forschung hat dieses Vorurteil längst widerlegt. Auch das aus dem TV bekannte Schaf Shaun setzt ein markantes Zeichen: Neugierig, gewitzt und trickreich sorgt der Schaf-Teenager für immer neue Abenteuer auf einer englischen Farm. Auch eine ganze Reihe von Redewendungen bezieht sich auf das Schaf und seine unterschiedlich benannten Geschlechter oder Entwicklungsstufen. Allerdings gibt es keine Redensarten im Zusammenhang mit dem männlichen Schaf, dem Widder, dafür einige, die den kastrierten Hammel zum Thema haben. ***Jemandem die Hammelbeine lang ziehen*** kommt aus dem Soldatenslang und bedeutet, jemanden scharf zu kritisieren; der Schäfer konnte nämlich den zur Schlachtung vorgesehenen Hammel mit seinem gekrümmten Stock an den Hinterbeinen aus der Herde ziehen. Der ***Streithammel*** ist ein ständig auf Randale gesinnter Zeitgenosse, während der ***Leithammel*** ein Anführer ist, dem die Herde kritiklos folgt.

Der »Hammelsprung«

eine Form der parlamentarischen Abstimmung

Einem Demokraten liegt es fern, die Abgeordneten des Deutschen Bundestages mit Schafen zu vergleichen, die, einem ***Leithammel*** folgend, in Fraktionsdisziplin das eigene Gehirn ausschalten. Wieso hat sich also ausgerechnet im Parlamentarismus für eine Form der Stimmenauszählung der wenig schmeichelhafte Begriff ***Hammelsprung*** gebildet? Dieses Abstimmungsverfahren heißt schon seit dem Kaiserreich so; sein Name kommt, wie auch das ***Stimmvieh***, aus der parlamentarischen Umgangssprache. Vermutlich liegt sein Ursprung in der Beobachtung, dass beim Überqueren eines Hindernisses ein Schaf bzw. Hammel nach dem anderen springt. Wenn nicht geheime Wahl angeordnet wurde, wird im Plenum normalerweise durch Handzeichen abgestimmt. Dann kommt es manchmal zu knappen und unübersichtlichen Entscheidungen. Wenn sich das Präsidium über das Ergebnis der Abstimmung nicht einig ist, sieht dafür die Geschäftsordnung einen ***Hammelsprung*** vor: die Abgeordneten verlassen den Plenarsaal und betreten ihn einzeln wieder durch eine von drei Türen, für »Ja«, »Nein« oder »Enthaltung«.

»Jede Woche eine neue Sau durchs Dorf treiben«

durch Themawechsel von einer – unangenehmen – Sache ablenken

Das Schwein ist, zusammen mit dem Rind, dem Schaf und der Ziege, schon vor über 8000 Jahren domestiziert worden. Die vielen mit dem Schwein verbundenen Redensarten gehen meist auf die traditionelle Tierhaltung zurück, ein Indiz dafür, dass sie schon deutlich älter sind. So nutzt auch diese Redewendung einen historischen Vorgang, der die Aufmerksamkeit der Dorfbewohner erregte, um ein Ablenkungsmanöver zu beschreiben. Schweine verbrachten früher nämlich die Sommermonate in der freien Natur, suchten sich ihre Nahrung im Wald und wurden erst nach Ende der Mast durchs Dorf zum Metzger getrieben. Inzwischen ist die früher übliche naturnahe Haltung der Massentierhaltung gewichen, die sowohl für die Tiere als auch für die Umwelt gravierende Schäden mit sich bringt. Sein Mitleid mit einem bedauernswerten Menschen dadurch auszudrücken, dass man ihn als ***armes Schwein*** bezeichnet, ist zwar schon älter, könnte aber angesichts der Situation in den Zuchtställen durchaus als aktuell durchgehen.

»Du bist ein Ferkel!«

Du hast dich schmutzig gemacht!

Obwohl das Schwein eine wichtige Rolle in unserer Ernährung spielt, taucht es merkwürdigerweise häufig in negativem Kontext auf. Schweine gelten landläufig als schmutzig, verdreckt, ungepflegt. Das ist darauf zurückzuführen, dass sie gern suhlen. Das Schlammbad dient zur Körperpflege, hier werden Schmarotzer von der Haut entfernt und die Körpertemperatur im Sommer reguliert. Schweine haben nämlich keine Schweißdrüsen, können also nicht schwitzen, was die Redensart ***Schwitzen wie ein Schwein*** als weiteres nicht haltbares Vorurteil gegenüber dem Borstenvieh entlarvt. Bei der Suhle handelt es sich also um »gesunden Dreck«, nicht um – Pardon – Scheiße. Denn Schweine vermeiden es, im eigenen Kot zu liegen, weswegen die Haltung auf Spaltböden und in engen Ställen widernatürlich und für die Schweine äußerst unangenehm ist; wenn sie wählen können, liegen sie viel lieber in sauberem Stroh. Hier irrt also der Volksmund, wenn er eine unaufgeräumte Wohnung als ***Saustall*** bezeichnet, in dem ***Ferkel*** wohnen, oder eine derbe Verschmutzung als ***Sauerei***.

»Das ist eine Schweinerei!«

Das ist moralisch nicht haltbar!

Die scheinbare Unsauberkeit der Schweine wird auch gern dazu benutzt, um moralisch zweifelhaftes Verhalten von Menschen damit zu vergleichen, die sich mit ***Schweinkram*** beschäftigen, eine ***Schweinerei*** hinterlassen und deshalb als ***Dreckschwein*** und ***versaut*** bezeichnet werden – hier schweigt des Sängers Höflichkeit, noch mehr ins Detail zu gehen. Zum Glück macht die manchmal gar nicht so unsensible Sprache einen Unterschied, der im Plural zu erkennen ist: »Sauen« sind tatsächlich Schweine, während »Säue« zum menschlichen Mistvieh gehören. Auch unverschämte Äußerungen eines impertinenten Menschen werden gern wütend als ***Schweinerei*** bezeichnet. Ebenfalls völlig falsch eingeschätzt wird übrigens die Intelligenz von Schweinen. Wissenschaftliche Untersuchungen zu ihren kognitiven Fähigkeiten haben ergeben, dass ihre Intelligenz durchaus mit der von Menschenaffen oder Hunden vergleichbar ist. Einen Menschen als ***Dumme Sau*** zu bezeichnen, sollte diesem also eher schmeicheln, als ihn zu beleidigen.

»Wie eine gesengte Sau«

Hals über Kopf

Ein hohes Tempo wird gern mit der Geschwindigkeitsangabe ***Wie eine gesengte Sau*** eingeschätzt; so heißt eine haarsträubende Achterbahn in einem süddeutschen Erlebnispark »*G'sengte Sau*«. Hierzu gibt es zwei Erklärungsversionen, die beide mit der Bezeichnung des Schweins als »Borstenvieh« zu tun haben. Bei Hausschlachtungen – und leider auch bei den heutigen eher industriellen Vorgängen im Schlachthof – kam es gelegentlich vor, dass das zu schlachtende Schwein nicht wirklich tot war. Wenn nun kochendes Wasser über die Haut gegossen wurde, um das Entfernen der Borsten zu erleichtern, hätte das noch wache Tier den Ort dieser Misshandlung sicher schleunigst verlassen. Der zweite Erklärungsansatz, der die Redewendung auf die Jagd und damit auf das Wildschwein, das ja im Jägerlatein als »Sau« bezeichnet wird, zurückführt, ist wahrscheinlicher. Bei der Saujagd konnte es nämlich durchaus passieren, dass ein Tier nur einen Streifschuss abbekam, der ihm aufgrund der Reibungshitze das Fell versengte, und daraufhin Hals über Kopf das Weite suchte.

»Das falsche Schwein geschlachtet«

einen entscheidenden Fehler begangen

Diese Redewendung wird Winston Churchill nachgesagt. Der damalige britische Premierminister soll 1952 angesichts der auf den Zweiten Weltkrieg folgenden Auseinandersetzung mit der Sowjetunion, dem Kalten Krieg, in einer Rede den Kommunismus langfristig als die größere Gefahr angesehen haben als den gerade geschlagenen Nationalsozialismus. Dass er den Sieg über das Deutsche Reich mit den Worten ***»We've cut the wrong pig«*** kommentiert haben soll, kann man dem damaligen Manuskript der Rede, die unter dem Motto stand: ***»Vereinigt euch, um Russland zu stoppen!«***, nicht entnehmen; er scheint den Satz also spontan eingefügt zu haben. Apropos Schlachten: Ein junges Schweinchen, das als Ganzes in der Röhre gebacken wurde, nennt man ***Spanferkel.*** Das hat aber nichts mit Holzspänen zu tun, sondern geht auf einen alten Ausdruck für Säugen zurück; Spanferkel sind also Jungschweine, die noch an der Zitze der Muttersau gesaugt haben, was man früher »spänen« nannte, nach dem mittelhochdeutschen Wort »spen« für »Brust«.

»Ich glaub', mein Schwein pfeift!«

Ich bin überrascht und empört!

Der typische Schweinerüssel mag ja zu vielerlei Tätigkeiten nützlich sein, aber zum Pfeifen ist er sicher nicht geeignet. Die Redewendung hat in der Tat nur indirekt mit dem Borstenvieh zu tun. Dieser Ausdruck der Überraschung mit einem Unterton der Empörung ist wohl nicht ganz neu, obwohl er erst seit einigen Jahrzehnten in ganz Deutschland verbreitet ist. Ursprünglich kam das pfeifende Schwein schon im Berliner Slang der 20er-Jahre vor und bezog sich auf die einem dicken Schwein nicht unähnlichen rundlichen Wasserkochkessel, die mit einer Pfeife in der rüsselähnlichen Tülle ausgestattet waren, deren Pfiff ertönte, wenn das Wasser kochte. In den 40ern war die Redensart also schon verbreitet, aber später, vor allem in den lockeren 70er-Jahren, kamen parallele Varianten wie ***Ich glaub', mein Hamster bohnert*** oder ***Ich glaub', mich knutscht ein Elch!*** hinzu, und auch die mit dem Schwein wurde kreativ erweitert zu ***»Ich glaub', mein Schwein pfeift La Paloma«***.

Das »Sparschwein«

der klassische Geldspeicher

In Zeiten, in denen es noch keine Geldinstitute gab, wo man sein Erspartes unterbringen konnte, griff der sparsame Mensch auf einfache Behältnisse zurück, denen er seine Taler oder Groschen anvertraute. Diese hatten oft eine Form, die mit Sparsamkeit, Solidität, aber auch mit Fruchtbarkeit zusammenhing. Vor allem beziehungsreiche Tierfiguren aus Keramik waren schon im Mittelalter als frühe Spardosen verbreitet, der Hamster, die auf dem Nest sitzende Henne, die fleißige Biene mit ihrem Bienenkorb und natürlich das Schwein, das schon immer – wegen der vielen Ferkel – als Glücksbringer und Symbol der Fruchtbarkeit und Nützlichkeit galt. Das älteste bekannte Sparschwein auf deutschem Boden stammt von der Burg Schweinheim bei Euskirchen. Ein Ritter Spieß von Büllesheim soll es – sicherlich vom Namen seiner Burg inspiriert – angefertigt haben. Da sich noch Münzen aus dem 16. Jahrhundert darin befanden, scheint es sich tatsächlich um eine damalige Spardose, also ein echtes ***Sparschwein***, zu handeln, aber wohl ein Einzelstück.

»Hier geht es zu wie in einem Taubenschlag«

Hier herrscht ein ständiges Kommen und Gehen.

Im Mittelalter und auch danach waren Tauben und ebenfalls ihre Eier eine beliebte Bereicherung der Speisekarte – aus dem Frankreich des 13. Jahrhunderts ist belegt, dass am königlichen Hof jeden Tag 400 Tauben verspeist wurden! Man stellte den Tieren geräumige Brutgelegenheiten in Form von Taubenschlägen zur Verfügung, wo sie vor Fressfeinden wie Raubvögeln oder Katzen geschützt waren. Für den Eigentümer ergab sich daraus ein willkommener Nebenverdienst: der sich in den Schlägen ansammelnde Kot konnte als begehrter Dünger gewonnen werden. In großen Taubentürmen mit bis zu 5000 Niststellen wurde regelrecht Massentierhaltung betrieben. Allerdings wurde den Vögeln, anders als heute Batteriehühnern, freier Ausflug gewährt, was zu einem ständigen Start- und Landeverkehr führte, was auch für heutige, sehr viel kleinere Taubenschläge gilt. Dass junge Frauen gern als ***Täubchen*** bezeichnet werden, bezieht sich wohl auf die weiße Zuchttaube und hat sicher mit dem Klischee zu tun, dass Tauben stets niedlich und friedlich sind.

»Stur wie ein Bock«

widerspenstig

Die Ziege ist, zusammen mit dem Schaf, eines der ersten Tiere, die der Mensch wirtschaftlich nutzte. Trotz ihres unbezweifelbaren Werts für die menschliche Ernährung – lange vor der Kuh war die Ziege der Milchlieferant – hat sie kein besonders positives Image, was wohl auf ihr charakteristisches Verhalten zurückgeht. Aus der Eigenart der Ziegenböcke, störrisch, geradezu ***bockig*** oder ***bockbeinig*** ihren eigenen Kopf durchzusetzen, entstanden weitere Redewendung wie ***Stur wie ein Bock sein***, während ***Stinken wie ein Bock*** auf ein anderes Charakteristikum männlicher Ziegen zurückgeht. Auch mit ***Meckern***, den Lauten, die Ziegen gern von sich geben, bezeichnet man negative Äußerungen wie Schimpfen, Kritisieren oder wenn jemand schlecht über etwas oder jemanden redet. Interessant ist auch, dass der ***Bocksbeutel***, die für Frankenweine seit 250 Jahren typische, flach-bauchige Weinflasche, was ihr Aussehen betrifft, von der Form des – natürlich viel kleineren – Hodensacks des Ziegenbocks abgeleitet ist.

»Mach keine Zicken!«

Leiste keinen Widerstand!

Du ***Ziege!*** als Schimpfwort bezieht sich auf die nicht nur dem Ziegenbock, sondern auch dem weiblichen Tier nachgesagte Eigensinnigkeit. Eine Frau, die als ***Alte Ziege*** bezeichnet wird, vereinigt – in den Augen des sie Beschimpfenden – ungute Attribute wie schlecht gelaunt und zänkisch auf sich. Neuerdings hat sich die Variante ***Zicke*** als Schimpfwort stärker etabliert. Zicklein, also junge Ziegen, haben diverse Spuren in Redewendungen hinterlassen: der ***Zickenkrieg***, ***Zicken machen*** und ***Zickig sein*** gehen zurück auf das Verhalten junger Ziegen, die gern mal streitlustig aufeinander losgehen; jemand oder etwas ***zickt***, wenn er, sie oder es unangemessene oder unerwartete Schwierigkeiten macht. Schon lange ist der »Kosename« ***Zimtzicke*** im Gebrauch, der mithilfe eines der beliebten Stabreime eine gesteigerte Form von »Zicke« ist, ohne dass das unschuldige Gewürz etwas dafür könnte. Vom lateinischen Wort für Ziege (»capra«) sind übrigens auch »Kapriolen«, also eigentlich Sprünge von Ziegen, abgeleitet, ebenso »kapriziös«, was ja »launenhaft«, also zickig wie ein junges Zicklein, bedeutet.

»Einen Bock schießen«

einen Fehler machen

Was die Bildung von Redewendungen mit Ziegen angeht, bietet sich vor allem die männliche Form an. Wenn von einem »Bock« die Rede ist, handelt es sich also in der Regel um einen Ziegenbock. Wie einige andere Tiernamen ist auch »Bock« früher häufig als Bezeichnung für Fehler, Dummheit oder Versagen genutzt worden. Wer also einen Bock machte, machte einen Fehler, ***verbockte*** etwas. Da die ursprüngliche Wendung »einen Bock machen« später nicht mehr verstanden wurde, hat sich die Redewendung ***Bockmist machen*** entwickelt – hier trafen sogar zwei früher gleichbedeutende Ausdrücke, nämlich »Bock« und »Mist«, aufeinander. Daneben hat sich das scheinbar naheliegende ***Einen Bock schießen*** durchgesetzt, obwohl dieser Bock gar nicht geschossen wurde. Diese Variante könnte aber auch aus dem Schützenwesen stammen, wo es früher Sitte war, dem schlechtesten Schützen als Trostpreis ein Schwein oder eben einen Ziegenbock zu überreichen. Er hatte dann ***einen Bock geschossen***, aber ***Schwein gehabt***.

»Auf etwas Bock haben«

Lust auf etwas haben

Null Bock! heißt es heute oft, wenn Lustlosigkeit ausgedrückt werden soll. Seit den 1980er-Jahren spielt die Wendung ***Bock haben*** eine Rolle in der Jugendsprache und ist inzwischen auch gesellschaftlich nicht mehr anrüchig. Hier wird offenbar die ständige Paarungsbereitschaft des Ziegenbocks genutzt, um Lust, Appetit, gar Gier auf etwas auszudrücken. Die Ziege wurde wohl wegen der auffälligeren sexuellen Triebe der Böcke im prüden Mittelalter als negativ konnotiert, während dem »lammfrommen« Schaf positive Eigenschaften zugesprochen wurden. So teilt Christus, das ***Lamm Gottes*** (!), im Jüngsten Gericht die Menschen in gute und schlechte, die Schafe zu seiner Rechten und die Böcke zu seiner Linken. Folgerichtig wurde der Bock als Reittier einer der sieben Todsünden, nämlich der sexuellen Wollust, abgebildet, was auf antike Darstellungen der Liebesgöttin zurückgeht. Dieses teuflische Image gipfelte darin, dass der Satan bis heute mit negativen Ziegenbock-Attributen wie Hörnern, Hufen, Schwanz und Geruch dargestellt wird.

Kapitel 2

Heimische Wildtiere

»Es ist zum Mäusemelken!«

Von komischen Käuzen und hustenden Flöhen

»Sich winden wie ein Aal«

sich vor etwas drücken, einer Antwort ausweichen

Wegen seines ungewöhnlichen Aussehens und seiner Lebensweise – er kann beispielsweise das Wasser verlassen und über Land wandern – rätselten die Menschen jahrhundertelang, ob der Aal Fisch oder Schlange sei. Auch wenn sie sich die ungewöhnliche Fortpflanzung nicht erklären konnten – wie wir heute wissen, spielt sich diese über weite Entfernungen ab –, haben sie sich den fettreichen Fisch gut schmecken lassen. Noch in den 1990er-Jahren wurden 30.000 Tonnen pro Jahr gefangen, weswegen der Aal mittlerweile auf der Liste der aussterbenden Arten steht. Auf das Aussehen des Fischs gehen mehrere Redewendungen zurück. Wenn Menschen einer Antwort ausweichen, so ***winden sie sich wie ein Aal***, wie der gefangene Fisch im Eimer. Die Haut des Aals ist von einem schlüpfrigen Schleim überzogen, weshalb ein Mensch, der nicht zu fassen ist oder sich aus jeder Verlegenheit herauszuwinden weiß, ***glatt wie ein Aal*** oder ***aalglatt*** genannt wird. Dagegen spricht man von ***Sich aalen***, wenn man sich behaglich räkelt, meist am Strand in der Sonne.

»Mit Adleraugen«

äußerst scharfsichtig

Mehrere Tiere stehen im Ruf, sehr scharfsichtig zu sein. Besonders Raubvögel, die ja bei der Nahrungssuche auf die Sichtung ihrer Beute aus großer Höhe angewiesen sind, benötigen besondere optische Fähigkeiten. Falke, Bussard, Habicht und vor allem der Adler haben in dieser Hinsicht erstaunliche Eigenschaften. Das wird besonders deutlich, wenn man sich anschaut, welche Maße Gegenstände haben müssen, damit verschiedene Lebewesen sie aus 100 Metern Entfernung noch identifizieren können. Die Katze, die ja eher auf Nähe jagt, kann Gegenstände von 8 cm, also ungefähr der Größe einer Maus, erkennen, die Amsel immerhin Objekte von 4 cm. Der Mensch liegt mit 1,5 cm ganz gut im Rennen, alle werden aber vom Adler, der aus 100 Metern sogar noch Objekte von 5 mm Größe erkennen kann, um Längen geschlagen. Da ist es nicht verwunderlich, dass er sogar aus 1 km Höhe eine Maus klar und deutlich identifizieren kann, auch wenn diese nicht unbedingt zum Beuteschema eines so großen Vogels gehört.

»Du bist ein Frechdachs!«

Du bist ein freches oder auch pfiffiges Kind!

Der nachtaktive Dachs, der nicht zu den populärsten heimischen Raubtieren gehört, kommt dennoch in diversen Redewendungen vor. Das liegt daran, dass er angeblich verschiedene menschliche Eigenschaften verkörpert. So gilt er als faul, weswegen man davon spricht, dass arbeitsscheue Menschen ***schlafen wie ein Dachs***. Tatsächlich ist der Dachs durchaus aktiv, hält aber in kälteren Regionen eine Winterruhe, die durchaus mehrere Monate anhalten kann.

Dagegen ist der wohl verbreitetste Ausdruck, der mit dem Dachs zusammenhängt, der ***Frechdachs***. Natürlich ist ein Dachs nicht frech im landläufigen Sinn, daher könnte bei der Bildung nicht der Dachs, sondern der Dachshund, der freche Dackel, Pate gestanden haben, woraus sich dann später die Kurzform entwickelte. Auch wurde »frech« früher in der Bedeutung von »mutig« gebraucht, daher könnte der Mut des Dachses bei der Verteidigung seines Baus eine Rolle gespielt haben. Auch eine typische Eselsbrücke beim Lateinvokabel-Lernen könnte die Lösung sein: »***audax***« heißt nämlich »frech«.

»Das ist eine Schnapsdrossel«

Der trinkt gern mal einen über den Durst.

Hier haben wir eine der Redewendungen, die nur scheinbar etwas mit einem Tier zu tun haben. Selbstverständlich ist es allgemein bekannt, dass es – neben echten Drosseln mit so merkwürdigen Namen wie Rahmbauchdrossel, Rostflügeldrossel, Kakaodrossel, Rußdrossel, Nacktaugendrossel und Kapuzendrossel – keine Schnapsdrossel gibt. Vielmehr handelt es sich hier um eine scherzhafte Bezeichnung für einen Schnapstrinker, die schon seit dem Ende des 19. Jahrhunderts im Gebrauch ist. Dass es bei dem Begriff zu einer irrtümlichen Einordnung in die Familie der Echten Drosseln kommen könnte, liegt daran, dass eine Drossel nicht nur ein Singvogel sein kann, sondern dass es sich dabei auch um eine gebräuchliche Bezeichnung für die Kehle handelt – noch erhalten im Verb »erdrosseln« für »die Kehle zudrücken«. Echte Drosseln, also die begabten Singvögel, gibt es in 87 Arten, und tatsächlich – darunter finden wir auch Wacholderdrosseln, aber ganz nüchterne.

»Du bist eine lahme Ente«

Du kommst nicht schnell voran.

Laut Wikipedia werden bei Tieren Stützbein- und Hangbein-Lahmheit unterschieden. Die echte Lahm-, also Gelähmtheit ist bei dieser Redewendung aber nicht gemeint, sondern »lahm« im umgangssprachlichen Sinne von »langsam«. Natürlich ist sogar die Wildente auf dem Land etwas langsam, als Schwimmvogel fühlt sie sich aber auf und im Wasser und erst recht in der Luft – dort erreicht sie Spitzengeschwindigkeiten von 125 km/h! – wohler. Von »lahm« im Sinne von »gelähmt« kann aber in der Politik bei der als *»lame duck«*, also ***lahme Ente*** bezeichneten Person gesprochen werden. So wird nämlich in den USA ein Präsident bezeichnet, der noch im Amt ist, aber eine Wahl verloren hat oder nicht zur Wiederwahl antritt. Da zwischen der Präsidentschaftswahl und der Inauguration des Wahlsiegers gut zehn Wochen liegen, gilt der bisherige Amtsinhaber in diesem Zeitraum vor allem innenpolitisch als handlungsunfähig, weil er keine aktuelle Legitimation durch die Wähler mehr hat und in der Regel vermeiden sollte, noch wichtige Entscheidungen zu treffen.

Die »Zeitungsente«

eine Falschmeldung

Lange hat sich die Erklärung gehalten, die ***Zeitungsente*** sei eine Ableitung vom französischen *»canard«*, das sowohl »Ente« als auch umgangssprachlich so etwas wie »Käseblättchen« bedeutet. Neuerdings geht man aber davon aus, dass die gewollte oder ungewollte Falschmeldung in der Presse zwar im 19. Jahrhundert, wie damals so vieles andere, aus der französischen in die deutsche Sprache übernommen wurde, aber in Anlehnung an den dortigen Ausdruck *»donner des canards«*, was wörtlich so viel heißt wie »Enten geben«, im übertragenen Sinn aber »lügen«. Wieso man in Frankreich Enten mit Unwahrheit in Verbindung gebracht hat, ist nicht klar. Interessanterweise gibt es viel früher auch schon ein Zitat von Martin Luther, der – warum auch immer – Irrlehren als *»blaue Enten«* bezeichnet, und auch Luthers Wortspiel *»Lugenda«* für unglaubwürdige Legenden könnte zu *»Lügenda«* und dann zu *»Lüg-Ente«* geworden sein.

Eine »Nachteule« sein

die Nacht zum Tage machen

Dieser Ausdruck erklärt sich eigentlich von selbst, denn zu den Eulen zählen rund 200 Arten, die fast ausschließlich nachtaktiv sind. Einen Menschen als ***Nachteule*** zu bezeichnen, ist ja meistens liebevoll-spöttisch gemeint und macht sich darüber lustig, dass dieser Zeitgenosse regelmäßig die Nacht zum Tage macht. Eulen sind, was abergläubische Menschen in verschiedenen Regionen der Welt angeht, durchaus unterschiedlich, ja gegensätzlich besetzt. Der Aberglaube, der übrigens nicht zwischen den einzelnen Eulenarten unterscheidet, treibt dabei merkwürdige Blüten. Eine alte Vorstellung sieht die Eule als Hexenvogel und als Unglücksboten. Andererseits gilt sie auch als Vogel der Weisheit; im alten Athen gab es viele Eulenstatuen zu Ehren der Athene, der Stadtpatronin und Göttin der Weisheit, was zu der Redewendung ***Eulen nach Athen tragen*** geführt hat, als Synonym für eine überflüssige Handlung. Ganz im Gegensatz zu Europa gilt die Eule in Indien seit Jahrhunderten als dumm, und wenn man dort meint, ein Mensch sei ein Idiot, nennt man ihn »***Eule***«.

Der ist ein »Goldfasan«

ein mit vielen Orden geschmückter Offizier

Der Volksmund hatte schon immer wenig Respekt vor der Obrigkeit, sei sie nun kirchlicher oder staatlicher Natur. Gerade in totalitären Regimen ließ es sich »die Gosse« nicht nehmen, aufdringliche Zurschaustellung von Rang und Würde mit spöttischen Bemerkungen zu kommentieren. Dabei boten ***hohe Tiere***, besonders Militärpersonen, die sich, neben den Dienstgradabzeichen wie Kragenspiegeln, Ärmeltressen, Schulterklappen, Mützenlitzen und Kordeln, gern mit Orden und Ehrenzeichen in Form von glitzernden Kreuzen, Medaillen oder Sternen schmückten, manchmal Anblicke, die an das Lametta eines geschmückten Weihnachtsbaums denken ließen. In der Zeit des Nationalsozialismus zum Beispiel wurde der Begriff ***Goldfasan*** geprägt für höhere Parteifunktionäre der NSDAP, die in brauner Parteiuniform mit goldenen Abzeichen an den auffällig schimmernden Vogel erinnerten, der, ursprünglich aus Asien stammend, in Europa von den Römern vor allem zu Jagdzwecken eingebürgert wurde.

»Butter bei die Fische!«

Komm zur Sache; investiere etwas!

Mitte des 19. Jahrhunderts ist dieser ziemlich saloppe Ausdruck schon nachweisbar, der wohl im norddeutschen oder westfälischen Kleinbürgermilieu entstanden ist, erkennbar an der mundartlichen Verwendung der falschen Präposition. An der Küste sagt man *»Fisch muss schwimmen!«*, weswegen Fische in der Pfanne in viel Butter gebraten werden. In der Redewendung bedeutet das, dass man zur Sache kommen oder mehr zum Thema beitragen soll. Eine andere auf Angler-Latein zurückgehende Redewendung spricht eigentlich für sich selbst: ***Einen dicken Fisch an Land ziehen*** möchte jeder mal, auch im übertragenen Sinne. Sollte sich der Fang doch als minderwertig, weil zu jung herausstellen, sind das ***kleine Fische***, also nicht der Rede wert. Selbsterklärend oder tiermetaphorisch zu verstehen sind weitere fischverarbeitende Redensarten wie ***Stumm wie ein Fisch*** oder ***Wie ein Fisch auf dem Trockenen***.

»Sich wie ein Backfisch benehmen«

albern oder noch unreif sein

Heute würde sich sicher jedes junge Mädchen entrüstet dagegen wehren, als »Backfisch« bezeichnet zu werden. Das ist tatsächlich ein aussterbender Ausdruck, den man noch gelegentlich in Gesellschaft von Leuten hört, die eine intelligente Frau noch als »Blaustrumpf« oder einen alleinstehenden Herren als »Junggesellen« bezeichnen. Der ***Backfisch*** als Bezeichnung für heranwachsende Mädchen entsprang der Studentensprache der Goethe-Zeit und ist eine scherzhafte Übersetzung des Begriffs »Baccalaureus« für jemanden, der den untersten akademischen Grad erlangt hat, woher auch der Ausdruck ***Frisch gebacken*** kommt. In damals noch ausschließlich männerbündischen Studentenkreisen wurde der ***Backfisch*** später ganz auf Mädchen übertragen, die man nicht ganz ernst nehmen konnte. Bis in die 1950er-Jahre galten Mädchen als ***Backfisch***, wenn sie in der Pubertät waren – typisch dafür der 1885 erschienene Roman *»Der Trotzkopf«*.

»Das ist ein Schmierfink!«

Der ist unsauber!

Bekanntlich werden Tiere oft, auf eine Eigenart reduziert, als Synonym für menschliche Eigenschaften benutzt. Der Schlaufuchs, der Angsthase und der Brummbär sind ja keine Tiere, sondern Menschen, die gewitzt, ängstlich oder schlecht gelaunt sind. Auch wenn es fast 200 Arten von Finken gibt – der Schmierfink ist nicht dabei. Dieser Ausdruck – und ähnliche, die ebenfalls unschuldigen Finkenvögeln angehängt wurden wie ***Mistfink*** oder ***Dreckspatz*** – gilt vielmehr Zeitgenossen, die entweder tatsächlich oder im übertragenen Sinne unsauber sind, hergeleitet aus der Tatsache, dass Finken sich ihre Nahrung überall suchen, auch in fragwürdiger Umgebung wie zum Beispiel in Pferdeäpfeln. Genauso wenig wie Schweine gern im Dreck leben, ist der Fink – oder der Spatz – ein schmutziges Tier, nur weil er ohne Widerwillen unverdaute Getreidekörner aus dem Mist pickt. Als ***Schmierfink*** werden seit etwa 1800 Menschen bezeichnet, die entweder selbst unsauber sind, einen unmoralischen Lebenswandel führen oder die öffentliche Gebäude mit Parolen oder Graffitis verunzieren.

»Zwei Fliegen mit einer Klappe schlagen«

zwei Probleme auf einmal erledigen

Redewendungen, in denen Fliegen mitwirken, müssen eigentlich nicht erklärt werden. Ihr Name deutet ja schon auf ihre augenfälligste Eigenschaft hin: Sie fliegen. Wenn jemand sich hastig entfernt, also ***die Fliege macht***, nimmt er sich eine Stubenfliege zum Vorbild, die selten auf demselben Platz sitzen bleibt, um nicht gefangen oder erschlagen zu werden. Das kann ihr etwa durch einen Pedanten passieren, der ***sich über die Fliege an der Wand ärgert***, also über eine unbedeutende, harmlose Kleinigkeit. ***Keiner Fliege etwas zuleide*** tut hingegen jemand, der gutmütig und friedfertig, aber auch selbst harmlos ist. Wenn man es schafft, zwei Probleme auf einmal zu lösen, so ***schlägt man zwei Fliegen mit einer Klappe***, einer Fliegenklatsche. Auch wenn diese Redewendung an das Märchen vom tapferen Schneiderlein erinnert, der bekanntlich gleich »siebene auf einen Streich« erlegte, so hat sie sich doch wahrscheinlich unabhängig davon gebildet.

»Einen Sack Flöhe hüten«

etwas fast Unmögliches bewerkstelligen

Der Menschenfloh ist schon vor 3000 Jahren in Europa heimisch geworden und belästigt seitdem die Menschen. Kein Wunder, dass die große Nähe zum Wirt seitdem zu zahlreichen Sprichwörtern und Redewendungen geführt hat. Da eines der Charakteristika des Quälgeistes seine erstaunliche Sprungkraft ist, kann sich jeder ausrechnen, dass es so gut wie unmöglich ist, ***einen Sack voller Flöhe*** zu beaufsichtigen, die in alle Richtungen auseinander hüpfen wollen. Bereits im 17. Jahrhundert sagte man, dass man jemandem ***einen Floh ins Ohr setzen***, also ihn auf eine fixe Idee bringen kann, die er nicht mehr loswird wie einen lästigen Floh. Flöhe sind nie erkältet, trotzdem sagt man von einem, der sich aufgrund einer Ahnung vorzeitig über ein Problem Gedanken macht, dass er ***die Flöhe husten hört***. Die Attraktion auf Jahrmärkten war früher der ***Flohzirkus***, wo Menschenflöhe als Artisten eingesetzt wurden, während der ***Flohmarkt*** seinen Namen daher hat, dass man auf mittelalterlichen Märkten beim Kauf von gebrauchten Kleidungsstücken wohl oder übel Flöhe mit kaufte.

»Einen Frosch im Hals haben«

merkwürdig krächzen

Einen Frosch im Hals zu haben ist nicht das Ergebnis, wenn man ***eine Kröte schlucken*** musste, denn Frösche und Kröten gehören zwar derselben Amphibienordnung an, sollten aber nicht verwechselt werden. Die Redewendung bezieht sich auch nicht auf einen echten Frosch, sondern auf ein medizinisches Problem. Das entsteht, wenn sich im Hals eine ***»Ranula«*** bildet, eine Geschwulst, die, wenn sie anschwillt, eine gewisse Ähnlichkeit mit einem Frosch hat und daher auf Lateinisch auch so genannt wird. Auch Krächzer in der Aussprache, die nicht auf eine Ranula zurückzuführen sind, hören sich manchmal so an, als wenn derjenige einen Frosch im Hals hätte, was ein befreiendes Räuspern aber rasch aus der Welt schafft. Der Frosch als von vielen Fressfeinden bedrohtes Lebewesen ist, ähnlich wie der Hase, ein Fluchttier und bringt sich bei der geringsten Gefahr mit einem weiten Satz in Sicherheit. Diese Ängstlichkeit, die aber eher eine Überlebensstrategie ist, hat zu der seit dem 19. Jahrhundert geläufigen Redewendung ***Sei kein Frosch!*** geführt für jemanden, der gern auf Nummer Sicher geht.

»Wo sich Fuchs und Hase Gute Nacht sagen«

sehr einsam und menschenleer

Früher gab es noch Landschaften, die so menschenleer waren, dass dort scheue Tiere wie Fuchs und Hase unbehelligt leben konnten. Vor allem der Hase als eigentliches Steppentier bevorzugt große, offene Wiesen, wo er einerseits seine Nahrung findet, andererseits gut flüchten kann. Der Fuchs dagegen bevorzugt Wälder, aber auch Grasland und Äcker, wo er seine Beute, die hauptsächlich aus Mäusen und Kaninchen besteht, jagt. In der Regel ist er nicht in der Lage, ausgewachsene Hasen zu erbeuten, die zu stark und zu schnell sind. Insofern wäre es gut denkbar, dass Fuchs und Hase sich in einsamen Landstrichen begegnen könnten, ohne dass der eine den anderen gleich umbringt. Da aber beiden ein anderes Säugetier, nämlich der Mensch, den Lebensraum immer mehr reduziert, ist der Hase inzwischen auf der Roten Liste der gefährdeten Arten gelandet, während der Fuchs zunehmend in die Städte umzieht, wo sich ihm einfachere Lebensbedingungen bieten. Bald werden sich nirgendwo mehr Fuchs und Hase begegnen …

»Schlau wie ein Fuchs«

listig, raffiniert

Der Fuchs gilt seit Jahrhunderten als Inbegriff der Schläue. Schon in der Bibel ist er ein Symboltier für List und Bosheit, folglich in der christlichen Ikonografie die Personifikation der Sünde. In zahlreichen Märchen, Gedichten und Liedern ist er der Dieb, der Lügner und Betrüger, und sogar Goethe hat ihm in *»Reineke Fuchs«* ein zweifelhaftes Denkmal gesetzt. Das negative Image ist vermutlich darauf zurückzuführen, dass der Fuchs, dessen Scheuheit immer schon seiner Domestizierung im Wege stand, ein relativ kleines Raubtier ist, das sowohl beim Beutemachen als auch bei der Flucht vor Nachstellung sehr vorsichtig und gewitzt vorgehen muss, zum Beispiel bei der Anlage von mehreren Fluchtröhren im Fuchsbau. Auch dass er Auseinandersetzungen mit stärkeren Tieren lieber aus dem Weg geht, wird als schlau im Sinne von hinterhältig ausgelegt. Mit den neumodischen Ausdrücken ***Pfennigfuchser*** und ***Sparfuchs*** bezeichnet man Menschen, die ***schlau wie ein Fuchs*** Mittel und Wege finden, um Geld zu sparen.

»Fuchsteufelswild«

kaum zu bändigen

Wie an anderer Stelle im Zusammenhang mit dem ***Affenzahn*** erläutert, liebt die deutsche Sprache intensivierende Komposita. Dabei sind bei Adjektiven manchmal auch Tiere beteiligt, die etwas mit der auszudrückenden Eigenschaft zu tun haben, zum Beispiel bei ***Pechrabenschwarz***, ***Mucksmäuschenstill*** und eben ***Fuchsteufelswild***. Der jeweils erste Teil des Begriffs verstärkt normalerweise die beiden letzten, die meist auch die Vorgängerversion darstellen. Im Falle von »fuchsteufelswild« aber war wohl »fuchswild« das ursprüngliche Adjektiv, das schon im 16. Jahrhundert nachweisbar ist und erst später durch den Zusatz verstärkt wurde, der den Ausdruck der Wildheit steigert – ***»so aufgebracht, als wenn man ganz des Teufels wäre«***, wie es im Deutschen Wörterbuch der Brüder Grimm heißt. Wer jemals einen gefangenen, sich wehrenden Fuchs erlebt hat, weiß, welche Wildheit ein so scheues Tier an den Tag legt.

»Hamstern«

sich bevorraten

Hamster gehören zur Säugetierfamilie der »Wühler« – zu Recht, denn sie graben unterirdische Baue mit Kammern für das Nest und die Vorräte. Der in Deutschland bekannteste Hamster ist nicht etwa der hier heimische Feldhamster, sondern der besonders bei Kindern als Haustier geliebte Goldhamster, der ursprünglich aus Syrien stammt. Der ***hamstert*** natürlich weniger, da sein Herrchen oder Frauchen regelmäßig füttert. Der leider vom Aussterben bedrohte Feldhamster aber bildet einen aus Pflanzensamen bestehenden Wintervorrat, den er in seinen geräumigen Backentaschen zum Bau trägt. Mit den Vorderpfoten, die wie kleine Hände aussehen, presst er dort den Backeninhalt aus dem Maul und lagert ihn in der Vorratshöhle für den Winter. Dieser vorsorgliche Umgang mit den Lebensmitteln hat den Ausdruck ***Hamstern*** hervorgebracht. Hamster sind zwar reinlich, aber die Überraschung und Verwunderung ausdrückende Redewendung ***Ich glaub, mein Hamster bohnert*** kommt aus der bekanntlich zu Übertreibungen neigenden Jugendsprache.

»Mein Name ist Hase«

Ich habe keine Ahnung.

Diese Redewendung stammt aus der Mitte des 19. Jahrhunderts. Damals wurde ein gewisser Karl Victor von Hase, ein Jura-Student in Heidelberg, verhört, weil ein Kommilitone von Hases, der sich nach einem für den Kontrahenten tödlich ausgegangenen Duell ins Ausland abgesetzt hatte, dessen Studentenausweis benutzt hatte, um über die französische Grenze zu kommen. Bei der Vernehmung verweigerte der angehende Jurist die Aussage und wiederholte lediglich: *»Mein Name ist Hase, ich verneine die Generalfragen, ich weiß von nichts«*. Diese Aussage wurde in Heidelberg schnell populär und verbreitete sich in gekürzter Form auch in anderen Universitätsstädten und später auch unter Nicht-Akademikern, die natürlich den Ursprung des Zitats nicht mehr nachvollziehen konnten. Die Redensart hat also nichts mit echten Langohren zu tun, die aber Quelle vieler anderer Redensarten sind.

»Das Hasenpanier ergreifen«

flüchten

Der Hase ist tatsächlich ein ***Angsthase***, weil er als Beutetier ständig befürchten muss, gefressen zu werden. Seine einzige Taktik, seinen Fressfeinden zu entkommen, ist die Flucht. Da ergreift er das ***Hasenpanier***, wobei ein Panier früher so etwas war wie ein Regimentsbanner, also eine Flagge. Die Fahne des sich nicht durch Wehrhaftigkeit auszeichnenden Hasen ist weiß, nämlich sein weißes Schwänzchen, das beim Laufen deutlich sichtbar ist. Aber diese weiße Fahne ist kein Zeichen der Aufgabe, denn er ist ja ***flink wie ein Hase***, und in großer Geschwindigkeit Haken schlagend hat er eine Chance, den Verfolgern zu entkommen. Wenn die allerdings ***wissen, wie der Hase läuft***, also auch von unvorhersehbaren Wendungen nicht überrascht werden, läuft es für den Hasen schlecht. Wenn man allerdings von jemandem ***Das ist ein alter Hase!*** sagen kann, so ist dieser so erfahren wie ein Langohr, das es trotz seiner vielen Todfeinde geschafft hat zu überleben.

»Das ist ein Hasenfuß«

Das ist ein Feigling.

Die Redensart mit dem Hasenfuß bezieht sich nicht auf die berühmte Schnelligkeit, sondern auf die Ängstlichkeit des Tieres, die aber nichts mit Feigheit zu tun hat, wie die Redewendung suggerieren könnte, sondern dem Überleben dient. Im Mittelalter allerdings stand die Schnelligkeit noch im Vordergrund – so trug im 11. Jahrhundert ein englischer König wegen seiner athletischen Beine den Namen Harold »Harefoot«. Ein anderer Erklärungsansatz bezieht sich auf die Gewohnheit ängstlicher Menschen, einen Talisman mit sich zu führen, der oft in einer Hasenpfote bestand. Dieser Aberglaube geht zurück auf die Tatsache, dass die weichen Hasenpfoten früher am Theater fürs Schminken verwendet wurden. Als spezielle Puderquasten erhältlich waren, trennten sich die abergläubischen Theaterleute nicht von den vertrauten Pfoten, sondern bewahrten sie als Glücksbringer auf. Aus der Wendung *»einen Hasenfuß mit sich führen«* soll sich im 18. Jahrhundert die heute noch gebräuchliche Formulierung entwickelt haben.

»Da liegt der Hase im Pfeffer«

Das ist der wahre Grund des Übels.

Die Redewendung taucht schon im späten 18. Jahrhundert auf, als das Gewürz Pfeffer noch nicht so weit verbreitet war wie heute. Mit »Pfeffer« ist also etwas anderes gemeint, nämlich ein Wildragout, für das ursprünglich die Innereien und die für andere Gerichte nicht geeigneten Reststücke von Hase, Reh oder Wildschwein verwendet wurden. Die Redensart wird meist gebracht, wenn eine Aufgabe zunächst nicht bewältigt werden konnte, weil es eine Schwierigkeit gab, die man übersehen hatte, das entscheidende Detail aber dann entdeckt wurde; hier könnte das Hasenfleisch, das in einer dicken Soße nicht identifiziert werden kann, als Quelle für die Redensart gedient haben – der Pfeffer als die Minderwertigkeit des Gerichts verbergende Hülle. Das hat aber nichts zu tun mit dem Ausdruck ***Nicht ganz hasenrein***. Damit bezeichnet man einen Sachverhalt, wenn er nicht einwandfrei ist, nicht ganz legal. Jagdhunde, die auf die Hühnerjagd abgerichtet waren, waren darauf dressiert, Hasen als Jagdwild zu ignorieren; sie galten in der Jägersprache als »hasenrein«. Wenn also ein Sachverhalt verdächtige Aspekte aufweist, ist er ***nicht ganz hasenrein***.

»Ein toller Hecht!«
ein bewunderter Mann

Hechte, die Haie der europäischen Südwasserseen, sind nicht nur Raub-, sondern auch beliebte Speisefische; Angler posieren gern mit einem gefangenen kapitalen Exemplar, einem ***tollen Hecht***. Dass ein Mann als »toller Hecht« bezeichnet werden kann, setzt voraus, dass dieser Eigenschaften des Fisches aufweist, wobei hier weniger der Speisefisch, sondern der Raubfisch zum Zuge kommt: stark, clever, aber auch mit großem Maul. Ursprünglich war »Hecht« tatsächlich ein Schimpfwort, wobei die negativen Seiten des Raubfisches im Vordergrund standen, die Gefährlichkeit anderen Zeitgenossen gegenüber, also Rücksichtslosigkeit, Egoismus, Draufgängertum, Hinterhältigkeit, so dass ***Hechte*** durchaus unangenehme, räuberische Typen waren, etwa wie heute die ***Heuschrecken***. Erst ab dem 18. Jahrhundert wandelte sich die Bedeutung dahin gehend, dass das Draufgängerische, Mutige, Athletische die Oberhand gewann. Heute, im Zeitalter des Körperkults, ist der muskulöse Fisch natürlich ein Vorbild für Fitness, Agilität und Vitalität.

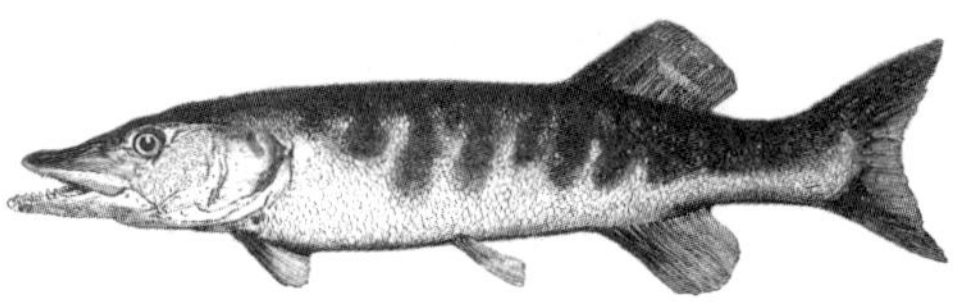

»Der Hecht im Karpfenteich«
Störenfried, aber auch Impulsgeber

Der Karpfen ist ein träger Speisefisch, besonders beliebt als Weihnachts- oder auch Silvesterkarpfen. Es gehört nicht viel Phantasie dazu, sich vorzustellen, was passieren würde, wenn ein Hecht in einem Karpfenteich ausgesetzt würde. Der Raubfisch würde eine Panik unter den harmlosen, ja langweiligen »Schlammfressern« auslösen. Die Redewendung meint aber wohl eher, dass der Störenfried den langweiligen Karpfen mal ordentlich Beine machen (soweit man das von Fischen sagen kann) und die uneffektive Ruhe in einer trägen Gesellschaft aufmischen und Kreativität wecken würde. Die Herkunft einer weiteren Redewendung, in der ein Hecht vorkommt, nämlich ***Es zieht wie Hechtsuppe***, ist neuerdings umstritten. War man lange der Meinung, dass »Hechtsuppe« nichts anderes sei als die misslungene Eindeutschung des jiddischen Ausdrucks ***»hech supha«***, was Sturmwind bedeutet, so mag die Forschung jetzt nicht mehr ausschließen, dass tatsächlich eine Fischsuppe gemeint sein könnte, die vom Volksmund, was ihr langsames Ziehen angeht, als Vergleich genutzt wurde.

Das »Heimchen am Herd«

die traditionelle Hausfrau

Eine der fünf Weihnachtsgeschichten von Charles Dickens ist die Novelle *»Das Heimchen am Herde«* (*»Cricket on the Hearth«*). Wahrscheinlich hat sich danach diese Redewendung für die Frau, die in der traditionellen Rolle nach dem Muster Kinder – Küche – Kirche gefangen ist, gebildet. Das darin genannte Heimchen, auch Hausgrille genannt, fliegt nur selten, ist aber trotzdem überall auf der Welt verbreitet. Ursprünglich kommt diese nur zwei Zentimeter große Langfühlerschrecke aus dem Mittelmeerraum und wurde bereits im Altertum nach Mitteleuropa eingeschleppt. Da sie auf warme Umgebung wie Bäckereien, Ställe, Gewächshäuser oder auch U-Bahnschächte angewiesen ist, lebt sie oft in menschlicher Umgebung, da sie den Winter sonst nicht überstehen würde. Heimchen gelten als beliebtes Tierfutter, werden wegen ihrer leicht durchzuführenden Züchtung zunehmend auch als mögliche menschliche Nahrung gesehen, vor allem in Asien.

»Wie Heuschrecken«

skrupellos und gefräßig

Der merkwürdige Name der Heuschrecke leitet sich von dem althochdeutschen Verb »schrecken« ab, das aber mit Panik nichts zu tun hat, sondern »(auf)springen« bedeutet. Auf das auffallend gute Sprungvermögen sind auch andere bei uns gebräuchliche Bezeichnungen wie Grashüpfer oder Heupferd zurückzuführen. Die Heuschrecken, die wir in Europa kennen, sind harmlos, verglichen mit den Exemplaren, die in Afrika, Asien, Südamerika und Australien regelmäßig ganze Ernten vernichten. 1784 soll es in Südafrika einen Schwarm mit über 300 Milliarden Insekten gegeben haben, der 3000 km^2 Land bedeckte und von dem täglich rund 600.000 Tonnen Pflanzen verzehrt wurden. Im Zusammenhang mit den Auswüchsen des Kapitalismus, besonders mit dem aggressiven Finanzgebaren der Investment- und Rentenfonds, ist häufig die Rede von Investoren, die ***wie Heuschrecken*** über Firmen und ganze Volkswirtschaften herfallen, sie skrupellos ausbeuten und eine wirtschaftliche Wüste hinterlassen.

»Das ist hier der Platzhirsch«

Der hat hier das Sagen.

Wenn man auf ein fremdes Terrain vordringt, zum Beispiel in eine neue Firma oder in einen Verein eintritt, ist es immer ratsam, sich danach zu erkundigen, ob es hier einen ***Platzhirsch*** gibt, dem man entweder besser aus dem Weg geht oder mit dem man sich gut stellt. Damit ist dann eine – meist männliche – Person gemeint, die hier eine Art von Revier beansprucht und potentielle Konkurrenten misstrauisch zur Kenntnis nimmt. Manchmal geht es nur um das Recht, einen bestimmten Firmenparkplatz zu besetzen, manchmal aber auch um mehr. Dieses Revierverhalten ist vom Rothirsch bekannt, der Harems von mehreren Weibchen bildet und diese in der Brunftzeit gegen Nebenbuhler verteidigt. Die Kämpfe folgen einer vorgegebenen »Choreographie« wie dem Senken des Kopfes mit anschließendem Verhaken der Geweihe und einer Kraftprobe, die aus gegenseitigem Hin- und Herschieben besteht. Schwere Verletzungen werden in der Regel vermieden, können aber aufgrund der Verwendung von Waffen, also des Geweihs, auftreten. Menschliche Revierkämpfe werden meist subtiler ausgefochten.

»Ein komischer Kauz«

ein wunderlicher Zeitgenosse

Käuze stellen gar keine eigene Familie innerhalb der nachtaktiven Raubvögel dar, sie sind vielmehr Eulen. Im Volksglauben gelten Eulen als weise, während Käuze – völlig zu Unrecht – für schrullig gehalten werden. Zu der vorliegenden Redensart ist es wohl dadurch gekommen, dass im Mittelalter, so wie heute leider noch in Südeuropa, Singvögel eine willkommene Bereicherung des Speiseplans waren, weswegen es berufsmäßige Vogelfänger gab, die Stein- oder Waldkäuze oft als ***Lockvogel*** einsetzten. Sie nutzten ein typisches Verhalten von Singvögeln aus, die beim Erkennen eines Raubvogels, ihres Todfeindes, sich in Scharen in dessen Nähe ansammeln und versuchen, diesen durch Scheinangriffe zu verjagen. Der Kauz, der an einer Stange festgebunden war, versuchte sich natürlich zu befreien und taumelte mit merkwürdigen, den damals noch von Tierschutzgedanken nicht irritierten Zeitgenossen komisch vorkommenden Bewegungen flügelschlagend um die Stange herum. Die Alliteration der beiden K-Wörter dürfte zur Popularität des Ausdrucks beigetragen haben.

»Sich vermehren wie die Karnickel«

unverantwortlich viele Nachkommen in die Welt setzen

Wildkaninchen sind, auch wenn sie einen noch so hohen Niedlichkeitsgrad aufweisen, eigentlich Lebensmittel, nämlich Futter für viele Raubtiere. Füchse, Wölfe, Marder und Luchse, außerdem alle Arten von Greifvögeln, Raben und Krähen (und auch der Mensch!) dezimieren die Population immer wieder. Kein Wunder, dass Karnickel bei einer hohen Verlust- auch eine hohe Fortpflanzungsrate haben. Das wird dadurch erreicht, dass die Empfängnisbereitschaft des Weibchens auch außerhalb des Sexualzyklus durch den Deckakt eines Rammlers stimuliert werden kann. Dadurch kommt es zu vermehrten Schwangerschaften – weibliche Karnickel sind in der Lage, bis zu sieben Würfe mit bis zu sechs Jungtieren pro Jahr auszutragen! Das ist notwendig, wenn die Art erhalten werden soll. Diese hohe Vermehrungsrate ist auch ein Grund, warum diese Tiere als ***Versuchskaninchen*** gezüchtet werden und immer noch teils fragwürdigen Testreihen ausgesetzt sind. Zum Glück ist sowohl die Redewendung als auch der Begriff beim Menschen nur im übertragenen Sinne anwendbar.

»Wie das Kaninchen vor der Schlange«

starr vor Angst; handlungsunfähig

In Disneys »*Dschungelbuch*« hypnotisiert die Riesenschlange Kaa ihre Opfer. Haben Schlangen wirklich etwas Hypnotisches an sich, das Beutetiere erstarren lässt? Tatsächlich glaubt man diesen Reflex bei Kaninchen zu kennen. Wenn eine Schlange plötzlich auftaucht, kann keine Zeit mehr zur Flucht bleiben. Dann greift ein Reflex, der das Opfer retten kann: die Schreckstarre. Die Muskeln versteifen sich, so dass das bedrohte Lebewesen nicht fliehen kann. Schlangen – und übrigens auch Katzen – reagieren ja in erster Linie auf Bewegung des Beutetiers. Starr und reglos wird das Kaninchen für die Schlange gewissermaßen unsichtbar. Die Redewendung bezieht sich also auf diese Tatsache und nicht auf eine damit implizierte Todesangst. Den in einer furchteinflößenden Situation zu einer Handlung unfähigen Menschen mit einem wehrlosen Kaninchen zu vergleichen, hat allerdings einen spöttischen Unterton – der, der da ***wie ein Kaninchen vor der Schlange*** hockt, sollte sich lieber seiner Kraft oder Intelligenz besinnen und die Schlange, also die Gefahr, besiegen!

Der »Kran«

Lastenheber mit langem Ausleger

Ein bekanntes Internetlexikon definiert den Kran als *»manuell oder durch Motoren betriebene Einrichtung zur vertikalen und horizontalen Verladung von Lasten«*. Aber warum heißt diese Hebevorrichtung ausgerechnet ***Kran***? Wenn man einen Kran mit der typischen schlanken, senkrechten Gittersäule und dem schräg aufwärts ragenden Ausleger von der Seite anschaut, erinnert das Gerät unwillkürlich an die Silhouette eines Kranichs mit langen Beinen und schlankem Hals. Schon die alten Griechen, die mit Archimedes und Aristoteles geniale Konstrukteure hatten, sollen den Lastenheber nach dem schlanken Schreitvogel benannt haben. Auch im Mittelalter wurde der Kran noch »Kranich« genannt, später aber dann in der Kurzform »Kran«, »Krahn« oder auch »Krahnen«. Interessant ist, dass der Kranich ein total ausgereiftes Lebewesen zu sein scheint, denn seine evolutionäre Entwicklung ist schon vor 9 Millionen Jahren abgeschlossen gewesen, wie ein in Nebraska gefundenes Fossil beweist, das sich in nichts von einem modernen Kranich unterscheidet.

»Herumkrebsen«

sich am Existenzminimum bewegen

Früher, als die Gewässer noch sauber und unreguliert waren, wimmelte es darin von Leben. Zum Beispiel war der Salm, also der Lachs, der heute als Leckerbissen gilt, im Rhein so häufig, dass er als Armenspeise galt – die Dienstmädchen achteten in ihren Kost-und-Logis-Arbeitsverträgen darauf, dass ihnen als Mahlzeit höchstens vier Mal in der Woche Lachs verabreicht werden durfte! Auch der Flusskrebs, heute eine rare Delikatesse, war noch im 19. Jahrhundert so weit verbreitet, dass er als etwas Alltägliches, ja Minderwertiges galt. So gilt auch ***Herumkrebsen*** als Ausdruck für den Misserfolg eines Unternehmens, das sich am Rande des Existenzminimums bewegt. Der ***Krebsgang*** nimmt Bezug auf die vorsichtige Rückzugsbewegung des Krebses, der sich mit dem Schwanz zuerst in seine Uferhöhle in Sicherheit bringt, so dass die wehrhaften Scheren zur Verteidigung nach außen zeigen.

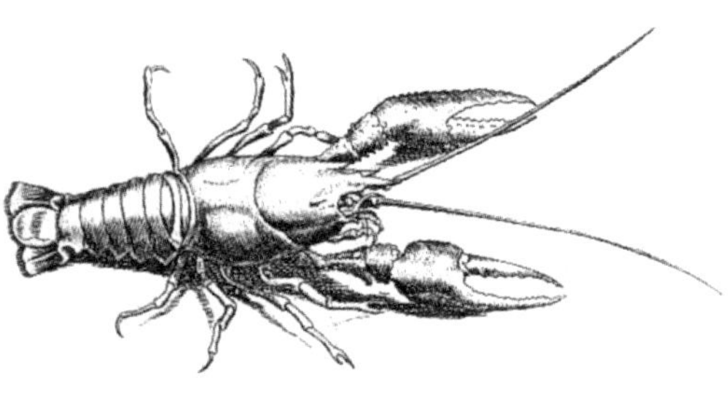

»Eine Kröte schlucken müssen«

etwas Unangenehmes akzeptieren

Leider verspeisen viele Menschen, vor allem in Frankreich, mit Vorliebe Froschschenkel, eine fragwürdige Delikatesse, denn sie wird unter teilweise dem Tierschutz Hohn sprechenden Bedingungen gewonnen. Eine Kröte zu schlucken, gilt dagegen als eher Ekel erregend, denn Kröten unterscheiden sich von den meist schlanken, muskulösen und glatten Fröschen durch ihren gedrungenen Körper mit trockener und oft warziger Haut deutlich. Insofern ist diese Redewendung als Umschreibung der Aufgabe, etwas Unangenehmes akzeptieren zu müssen, nachvollziehbar. Mit den plumpen Froschlurchen hat eine andere Redensart allerdings nichts zu tun. Die Kröten in der eine geringe Geldsumme meinenden Aussage ***Die paar Kröten …*** leiten sich vom niederdeutschen Wort »Groten« für Groschen ab. Diese nicht besonders kaufkräftigen Münzen waren in Norddeutschland noch bis zur Währungsreform 1871 in Gebrauch, und im Volksmund wurden noch bis zum Euro die 10-Pfennig-Münzen »Groschen« genannt.

»Der Kuckuck soll dich holen!«

Geh zum Teufel!

Der heute leider vom Aussterben bedrohte Kuckuck war früher im Frühling häufig zu hören – wegen seiner schlichten Färbung aber nicht leicht zu entdecken. Sein auffälliger Balzruf und seine merkwürdige Art und Weise, sich zu vermehren, haben immer schon fasziniert. Da er eine ungewöhnliche, ja geradezu betrügerische Lebensweise hat, sagte man ihm sogar eine Verbindung zum Bösen nach und benutzte seinen Namen, um abergläubisch die Nennung des Teufels selbst zu vermeiden, was womöglich den Leibhaftigen – auch dies eine Umschreibung! – persönlich herbeigerufen hätte. Das wirkt sich bis heute in diversen Flüchen und Verwünschungen aus: ***Scher dich zum Kuckuck!***, ***Weiß der Kuckuck…*** oder ***Zum Kuckuck noch mal!*** sind typische Kraftausdrücke. Dass die amtlichen Pfandsiegel auch heute noch ***Kuckuck*** genannt werden, hat aber nichts mit dem Teufel zu tun, sondern eine lange Tradition und geht zurück auf das preußische Pfändungssiegel, das den Reichsadler zeigte, der spöttisch als Kuckuck verunglimpft wurde.

»Jemandem ist eine Laus über die Leber gelaufen«

Da regt sich jemand wegen einer Kleinigkeit auf.

Läuse sind unangenehme Plagegeister. Im Mittelalter und auch noch später gab es kaum Felle oder Pelze, in denen nicht welche steckten. Deshalb hatte die Redewendung ***Eine Laus in den Pelz setzen*** im 16. Jahrhundert eine andere Bedeutung als heute. Man drückte damit aus, etwas Überflüssiges zu tun, vergleichbar mit ***Eulen nach Athen tragen***. Doch schon Anfang des 19. Jahrhunderts änderte sich die Redensart zur heutigen Bedeutung. Ebenfalls seit dem späten Mittelalter ist die Redewendung ***Jemandem ist etwas über die Leber gelaufen*** bekannt, allerdings zunächst ohne Laus. Die Leber galt damals als Sitz der Leidenschaften, besonders des Zorns, und wenn da »etwas« drüber gelaufen war, konnte das einen gefährlichen Stimmungsumschwung bedeuten. Die Laus kam später auf die Leber, einerseits in ihrer Eigenschaft als Sinnbild des Kleinen und Unbedeutenden – da regt sich also jemand wegen einer Nichtigkeit auf. Andererseits hatte der Volksmund immer schon eine Vorliebe für Stabreime.

»Aufpassen wie ein Luchs«

eine außergewöhnlich scharfe Wahrnehmung haben

Der Eurasische Luchs – um diese Art handelt es sich bei den in Europa wieder heimischen Exemplaren – wurde seit dem Spätmittelalter stark bejagt und so gut wie ausgerottet. Es ist bemerkenswert, dass sich dennoch Redewendungen entwickelt bzw. gehalten haben, die sich auf Eigenschaften der Großkatze beziehen. Allerdings ist die in Redensarten betonte Schärfe seiner Sinne – ***Augen wie ein Luchs*** und ***Ohren wie ein Luchs*** – tatsächlich bemerkenswert. Luchsaugen sind sein wichtigstes Sinnesorgan und sechs Mal so lichtempfindlich wie menschliche Augen, was dem Luchs, wie allen Katzen, eine Jagd in der Dämmerung und sogar nachts erlaubt. Und die auffälligen Haarpinsel an den spitzen Ohren verstärken sein Hörvermögen – Luchse können eine 50 Meter entfernt raschelnde Maus oder ein in einem halben Kilometer Entfernung laufendes Reh lokalisieren! Die Scharfsichtigkeit des Luchses hat auch dazu geführt, dass ihm nachgesagt wurde, dass er schlau, ja hinterlistig sei, was zu dem Ausdruck ***Jemandem etwas abluchsen*** geführt hat.

»Wie die Made im Speck«

im Überfluss

Komiker ja, Entomologe nein – Heinz Ehrhardt widerfuhren in seinem Gedicht »Die Made« gleich zwei schwere »insektologische« Fehler: *»Hinter eines Baumes Rinde / wohnt die Made mit dem Kinde«*. Erstens können Maden keine Kinder haben, denn Maden sind selbst Kinder, Kinder von Fliegen. Sie sind die zweite Entwicklungsstufe, nachdem sie aus dem Ei geschlüpft sind. Wenn sich nach der Verpuppung die Umwandlung zum fertigen Insekt vollzogen hat, kommt der Moment, wo der Inhalt ***sich als etwas entpuppt***. Diese Redewendung bezieht sich also auf den Umstand, dass der Laie erst im letzten der sich voneinander unterscheidenden Entwicklungsstadien der Insekten erkennen kann, um welches Tier es sich eigentlich handelt. Zweitens leben Maden nicht hinter Baumrinde, sondern auf oder im Fleisch oder Käse und bieten einen wenig appetitlichen Anblick. Früher konnte es passieren, dass auf längeren Seereisen die mitgeführten Lebensmittel, vor allem der Speck, ungenießbar waren, denn hier wuselte es bisweilen von Maden. Dem großen Heinz Erhardt wollen wir seinen Ruhm aber hier nicht ***madig machen***.

»Blind wie ein Maulwurf«

stark sehbehindert

Zunächst das Wichtigste: Der Maulwurf ist gar nicht blind. Zwar lebt er von Regenwürmern und hat sein Revier folglich in deren Lebensraum im Erdboden. Aber auch wenn er in der Dunkelheit unter Tage – dort hält er sich ja überwiegend auf – so gut wie nichts sehen kann, hat er im Unterschied zu einigen anderen ausschließlich in Höhlen lebenden Tieren Augen, die zwar klein sind, aber bei entsprechenden Lichtverhältnissen einigermaßen funktionieren. Vielleicht kommt das Vorurteil vom blinden Maulwurf – und damit die Tiermetapher – daher, dass er oberhalb der Erdoberfläche sehr unsicher ist und hektisch und blindlings nach einer Möglichkeit sucht, sich einzugraben, denn ein Maulwurf über Tage ist vielen Fressfeinden schutzlos ausgeliefert. Seine hauptsächlich unterirdische und damit unsichtbare Lebensweise hat dazu geführt, dass der Begriff ***Maulwurf*** als Metapher für verdeckt arbeitende Agenten oder Informanten benutzt wird, die sich in Organisationen einschleichen, dort ganz normal arbeiten, aber heimlich Spionage betreiben.

»Wie eine graue Maus«

unauffällig

Mäuse sind ihrer Natur nach zu ihrem Schutz unauffällig. Das Fell ist grau bis bräunlich, je nachdem, ob es sich um eine Hausmaus oder eine Feldmaus handelt. Diese Unauffälligkeit dient natürlich der Tarnung und ist lebensnotwendig. Mäuse sind auch noch meist nachtaktiv, so dass sie fast unsichtbar sind. Dies hat zu der Redewendung geführt, die einen Menschen charakterisiert, der nicht auffällt, zurückhaltend, unscheinbar, ja geradezu langweilig ist. Die Unscheinbarkeit der Maus hat auch eine andere, sich darauf beziehende Redensart verursacht: ***Bei etwas Mäuschen sein*** in der Bedeutung »heimlich zugucken oder zuhören« möchte so mancher, der bei einem interessanten Gespräch nicht dabei sein darf, aber gern würde. Ganz im Gegensatz zur grauen gefällt eine ***süße Maus*** jedem, natürlich auch das ***süße Mäuschen***. Diese seit dem 19. Jahrhundert gebräuchlichen Kosenamen haben natürlich einen wenig emanzipatorischen Klang – Frauen mit Mäusen zu vergleichen geht gar nicht, seien Mäuse auch noch so niedlich.

»Arm wie eine Kirchenmaus«

mittellos

Es gibt Hausmäuse, Feldmäuse, Wühlmäuse, Waldmäuse, Haselmäuse und noch viele andere, auf der ganzen Welt verbreitete Arten, aber Kirchenmäuse? Tatsächlich lebt diese Art nur »virtuell« in dieser Redewendung, die schon seit dem 18. Jahrhundert im Gebrauch ist. Sie versetzt eine Maus in eine Kirche, die bekanntlich kein Wohngebäude ist und deshalb auch keine Vorratskammer hat. Etwas Essbares ist aber natürlich notwendig, um einer Maus, selbst wenn sie unglaublich genügsam ist und so ziemlich alles frisst, was sie verdauen kann, das Überleben zu sichern. Eine Maus, die sich in eine Kirche verirrt hätte, wäre wirklich die ärmste von allen. Auf Schiffen, wo für die Reise ausreichend Proviant mitgenommen werden musste, hat es dagegen regelrechte Mäuseplagen gegeben, weshalb es übrigens manchmal auch eine Schiffskatze an Bord gab. Vom Untergang eines Schiffes leitet sich die aus der Seefahrt stammende und den Stabreim nutzende Wendung ***Mit Mann und Maus untergehen*** ab und drückt drastisch aus, dass bei einem Unglück niemand gerettet wurde.

»Es ist zum Mäusemelken«

Es ist absurd, unglaublich, zum Verzweifeln …

Manchmal benötigt man Vergleiche, um etwas Unwahrscheinliches oder sogar Unmögliches auszudrücken. Auf den ersten Blick undurchführbar scheint es zu sein, eine Maus zu melken. Doch halt: Es gibt eine amerikanische Firma, die Mäusemelkmaschinen vertreibt. Das ist kein Witz, denn die Forschung schreckt nicht davor zurück, selbst an relativ unzugänglichen Stellen nach Wirkstoffen zu fahnden und diese auszubeuten. Tatsächlich ist man in Mäusemilch auf einen Impfstoff gegen Malaria gestoßen. Man kann sich vorstellen, dass die Gewinnung dieser Flüssigkeit sehr beschwerlich ist; für einen einzigen Liter müssen nämlich über 4.000 Mäuse gemolken werden. Die Mühe lohnt sich aber, denn dieser Liter hat einen Wert von 20.000 Euro! Noch unwahrscheinlicher als das Mäusemelken ist für einen Menschen, ***in ein Mauseloch zu kriechen***. Das möchte man aber manchmal am liebsten, wenn man bei einer Peinlichkeit ertappt wird, sich nämlich den Blicken anderer entziehen, was mit dieser Redewendung auf plastische Weise anschaulich wird.

»Weiße Mäuse sehen«

Wahnvorstellungen haben

Der Volksmund, der menschlichen Neigungen gegenüber viel Verständnis hat, bagatellisiert mit dieser spaßigen Bemerkung die Begleiterscheinungen des Alkoholmissbrauchs. Allerdings irrt er hier, denn während eines Trinkgelages mag der Teilnehmer alles Mögliche wahrnehmen, aber sicher keine ***weißen Mäuse sehen***. Halluzinationen treten nämlich erst auf, wenn sich Alkoholkranke nach exzessivem Missbrauch einem Entzug unterziehen. Dann können im so genannten Delirium tremens optische Irritationen entstehen, die sich beispielsweise als Bewegungen kleiner Tiere wie Insekten oder Spinnen im Blickfeld des Betroffenen darstellen können. Der Volksmund machte daraus weiße Mäuse oder auch rosa Elefanten, was der Dramatik der Situation wenig angemessen ist. ***Weiße Mäuse*** nannte man früher scherzhaft auch die an Staatsempfängen teilnehmenden, weiß uniformierten Polizisten, die in einer V-förmigen Eskorte mit Motorrädern die Kolonne der Karossen mit den ausländischen Gästen anführten.

»Du kriegst die Motten!«

Das darf doch nicht wahr sein!

Die Familie der Echten Motten ist in Deutschland mit 80 Arten vertreten. Einige dieser kleinen Nachtfalter sind bedeutende Schädlinge an Lebensmitteln oder Textilien. Am gefürchtetsten ist die Kleidermotte, die nicht als Falter, aber als Raupe frisst. Die Larven benötigen das Protein Keratin zum Leben, das in Tierhaaren und damit auch in Wolle enthalten ist. Kleidung mit Wollanteil ist daher gefährdet, reine Baumwolle nicht. Unter optimalen Bedingungen gibt es bis zu vier Generationen pro Jahr, die einen erheblichen Schaden anrichten können. Kein Wunder, dass Mottenbefall den bekannten Ausruf auslöste. Früher wurden Motten durch die berüchtigten Mottenkugeln bekämpft, die aber wegen ihrer gesundheitsschädlichen Inhaltsstoffe nicht mehr auf dem Markt sind. Wegen ihrer zerstörerischen Tätigkeit gelten Motten auch als Symbol für Zersetzung und Vernichtung, weshalb die Tuberkulose, die Krankheit der zerfressenen Lunge, in den Mietskasernen der Arbeiter im 19. Jahrhundert auch ***Die Motten*** genannt wurde.

»Angeben wie eine Tüte Mücken«

ohne Grund prahlen

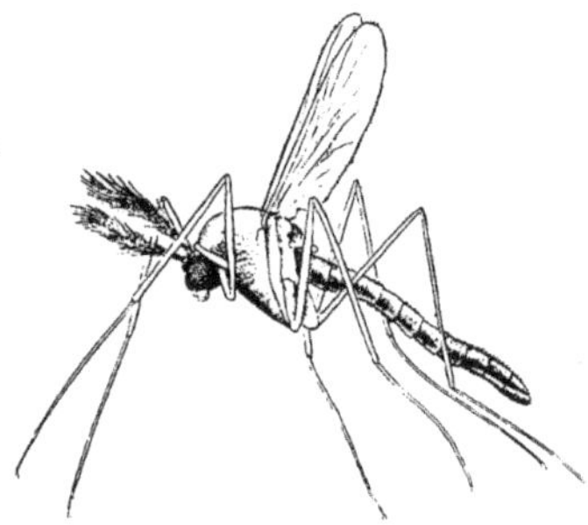

Viele Menschen können ***keiner Fliege etwas zuleide tun*** – aber einer Mücke. Mücken sind natürlich nicht ganz unschuldig daran, dass auch Wohlmeinende ihnen nach dem Leben trachten. Jeder hat wohl schon mal eine schlaflose Nacht verbracht, weil eine einzelne Mücke – und in diesem Fall ist das Femininum tatsächlich angebracht – ihm mit ihrem bösartigen, auf der Frequenz eines Zahnarztbohrers summenden Fluggeräuschs den Schlaf geraubt hat. Die Weibchen der Stechmücken sind ja die, die stechen, weil sie das Blut, genauer darin enthaltene Proteine und Eisen, für die Produktion ihrer Eier benötigen. Mücken sind zwar lästig, aber ein Schlag mit der flachen Hand beendet ihr Leben abrupt. Es ist daher erstaunlich, dass zarte Mücken für diese Redewendung benutzt werden und nicht zum Beispiel Schmeißfliegen, die eine erheblich größere Aufregung in einer Tüte zustande bringen würden. Vielleicht fand der Volksmund das Paradoxon von angeberischen Mücken lustiger.

»Schlafen wie ein Murmeltier«

tief und fest schlummern

Vielleicht sollte zunächst geklärt werden, dass das Murmeltier gar nichts mit Murmeln zu tun hat und auch nicht murmelt. Der Name kommt vielmehr aus dem Althochdeutschen, wo »murmunto« so etwas wie »Bergmaus« bedeutete. Murmeltiere kommen überall auf der nördlichen Erdhalbkugel vor; weltweit bekannt wurde beispielsweise 1993 ein nordamerikanisches Exemplar durch einen Film, in dem am *»Groundhog-Day«* ein Murmeltier das Wetter voraussagt. Der deutsche Filmtitel ***Und täglich grüßt das Murmeltier*** ging als geflügeltes Wort in den Sprachgebrauch ein und meint eine sich öfter wiederholende, unangenehme Situation. Wie im Film angedeutet, machen Murmeltiere einen Winterschlaf, denn sie leben in Regionen, wo sie in der kalten Jahreszeit keine Nahrung mehr finden würden. Die Winterruhe kann, je nach Witterung, bis zu neun Monate dauern. Das Erwachen wird normalerweise über die Außentemperatur eingeleitet, weshalb es ziemlich rücksichtslos ist, wenn amerikanische Kleinstädter ihr Murmeltier am 2. Februar aus dem Schlaf reißen, nur um zu prüfen, ob es seinen Schatten sieht …

»Nachtigall, ick hör dir trapsen«

Ich habe einen Sachverhalt durchschaut.

Dieser Redewendung hört man es schon an: Sie ist in Berlin entstanden. Die Einwohner der deutschen Metropole sind ja bekannt für ihren despektierlichen Umgang mit hehrem Kulturgut, und so haben sie sich auch an der von Achim von Arnim und Clemens Brentano Anfang des 19. Jahrhunderts, also im Zeitalter der Romantik, veröffentlichten Volksliedsammlung *»Des Knaben Wunderhorn«* vergriffen. Eines der über 700 Liebes-, Soldaten-, Wander- und Kinderlieder heißt *»Frau Nachtigall«*, und bereits um 1878 tauchte in Berlin die Verballhornung zweier Liedzeilen auf. Aus *»Nachtigall, ich hör' dich singen. Das Herz möcht' mir im Leib zerspringen«* in der ersten Strophe und dem etwas uneleganten *»Nachtigall, ich seh' dich laufen. An dem Bächlein tust du saufen«* in der zweiten machte der Volksmund die bekannte Version, die dem Lieblingsvogel der Romantik etwas respektlos die poetische Leichtigkeit nimmt, um es vorsichtig auszudrücken.

»Einen Ohrwurm haben«

eine Melodie nicht mehr aus dem Kopf bekommen

Viele Menschen haben diese Erfahrung schon einmal gemacht: Plötzlich geht einem eine Melodie im Kopf herum. Es kann sein, dass man diese Musik kurz vorher im Radio gehört hat, oder sie ist einfach so aus der Erinnerung aufgetaucht. Man wird sie eine Weile nicht los, so sehr man sich auch bemüht. Schlimmstenfalls handelt es sich sogar um Musik, die man selbst nicht mag. Die Bezeichnung dafür hat der Volksmund abgeleitet von dem gleichnamigen Tier, das im Verdacht steht, in menschliche Gehörgänge zu krabbeln, weil auch die Musik wie ein Wurm in den Gehörgang zu kriechen scheint. Das auch als Ohrenkneifer oder Ohrkriecher bekannte Lebewesen ist, auch wenn es eher nicht so aussieht, ein Insekt, das man leicht unter Laub, Rinde, Steinen oder Blumentöpfen findet. An seinem hinteren Ende befinden sich Zangen, die bei der Jagd auf Beute und zur Verteidigung genutzt werden. Es sieht tatsächlich etwas wie ein Wurm aus, ist aber, entgegen weit verbreiteter Annahmen, für Menschen völlig ungefährlich.

»Fett wie ein Otter«

deutlich übergewichtig

Diese Redewendung kommt in der einschlägigen Fachliteratur nicht vor, nur in sehr salopper Sprache. Hinsichtlich der Herkunft ist man also auf Vermutungen angewiesen. Der Fischotter verbringt den Großteil seines Lebens im Wasser und jagt dort. Das zu den Mardern gehörende Raubtier frisst durchschnittlich 100 Gramm Fisch pro Stunde, wird davon aber aufgrund seines hohen Stoffwechsels nicht fett, weswegen das Motiv für diese Redensart wohl in einem Missverständnis zu suchen ist. Sein Pelz sieht nämlich so aus, als ob er wasserdicht eingefettet wäre. Aber nicht Fett dient zur Isolierung, sondern die extrem hohe Dichte des Pelzes – er hat mit bis zu 80.000 Haaren pro Quadratzentimeter (!) eine der dichtesten Behaarungen in der Tierwelt. Dadurch wird isolierende Luft gehalten, aber Wasser abgewiesen, und die Haut bleibt trocken und warm. Der Otter hat im Unterschied zu Seehunden nämlich keine isolierende Fettschicht, ist also gar nicht ***fett wie ein Otter.***

»Du bist eine Rabenmutter!«

Du vernachlässigst dein Kind.

Raben, mit korrekter Bezeichnung Kolkraben, waren früher deutlich häufiger in unserer Landschaft anzutreffen. Leider wurden sie als angebliche Schädlinge seit dem Mittelalter rücksichtslos verfolgt und in Deutschland fast ausgerottet; seit dem Krieg haben sie sich aber wieder vermehrt. Ihr schlechtes Image als ***Rabeneltern*** geht auf eine Fehleinschätzung zurück. Junge Raben verlassen nämlich oft schon, bevor sie flügge sind, das Nest und wirken dann unbeholfen und hilflos, als ob sie von den Eltern vernachlässigt oder gar verlassen seien. Aber Raben sind keineswegs schlechte Eltern und lassen ihren halbstarken Nachwuchs keineswegs im Stich, füttern ihn und verteidigen ihn auch vor Feinden. Schon seit 1350 ist das Schimpfwort ***Rabenmutter*** nachweisbar, das später insbesondere für berufstätige Frauen verwendet wurde – gemäß herkömmlicher Geschlechterrollen wurde ja von der Mutter stärker erwartet, sich um ihr Kind zu kümmern. Interessanterweise gilt in Mexiko dagegen eine liebevolle, fürsorgliche Mutter als »Mama Cuervo«.

»Du Unglücksrabe!«

Du bist vom Pech verfolgt!

Raben sind bekanntlich sehr intelligent und hatten in früheren Zeiten ein durchaus positives Image. So wird in der nordischen Mythologie der Göttervater Odin von zwei treuen Raben begleitet, und Raben waren Protagonisten in vielen Sagen und Märchen. Allerdings hat ihnen ihre Rolle im heidnischen Kontext und die Tatsache, dass sie im Unterschied zu anderen Großvögeln Aas als Nahrung akzeptieren, später einen negativen Ruf verschafft. Denn sie wurden oft in der Nähe von mittelalterlichen Hinrichtungsstätten, die heute oft noch den Namen »Rabenstein« tragen, angetroffen; die Bezeichnung ***Galgenvögel*** wurde dann übertragen auf die Gehängten selbst, später auch auf lebende zwielichtige Personen, während der Ausdruck ***Rabenaas*** eine Umkehrung des ursprünglichen Begriffs »Aasrabe« ist. Der Ausdruck ***Unglücksrabe*** galt wohl zunächst nicht für einen vom Pech verfolgten Menschen, sondern bezog sich auf die ihm nachgesagte Eigenschaft des Raben als Vorbote kommenden Unglücks.

»Die Ratten verlassen das sinkende Schiff«

Verursacher einer kritischen Situation entziehen sich der Verantwortung.

Die Ratte ist in unserem Kulturkreis negativ konnotiert, denn die Menschen haben schlimme Erfahrungen mit diesen Nagetieren machen müssen, von ihrer Rolle als Lebensmittelschädlinge bis zur Verbreitung von Krankheitserregern. Durch die lange Koexistenz hat aber die Ratte auch Spuren in unserer Sprache hinterlassen. So ist ein ***Rattenloch*** eine schmutzige Behausung, und mit dem Ausdruck ***Das ist ein Rattenschwanz*** bezeichnet man eine lange Abfolge von unangenehmen Konsequenzen. Über Menschen, die einer gefährlichen Situation, die sie womöglich selbst verursacht haben, entkommen wollen, wenn sich deren Scheitern andeutet, sagt man: ***Die Ratten verlassen das sinkende Schiff***, wogegen ***Landratten*** Personen sind, die eher ungern das sichere Ufer verlassen. Als ***Leseratten*** werden junge Mädchen bezeichnet, die gierig wie eine Ratte Bücher verschlingen. Das Adjektiv ***rattenscharf*** dagegen ist eines der für die deutsche Sprache typischen »intensivierenden Komposita«. Hier steigert der Zusatz »ratten-« im Sinne von »sehr« das verbreitete Adjektiv »scharf«, das so viel bedeutet wie »verführerisch, sexy, lüstern«.

»Munter wie ein Reh«

lebhaft, springlebendig

Sind Rehe weibliche Hirsche? Dieses lange verbreitete Missverständnis wurde wohl durch Walt Disney ausgelöst, der 1942 seinen berühmten Zeichentrickfilm »***Bambi***« herausbrachte. Er hatte die – österreichische – Romanvorlage wegen des heimischen Publikums, das europäische Rehe nicht kannte, geändert und das Rehkitz durch ein amerikanisches Weißwedelhirschkalb ersetzt. Für viele Menschen in Deutschland blieb Bambi aber das »Rehlein«, und somit musste der gegen Ende des Films erscheinende Hirsch der Vater eines Rehs sein. Wie dem auch sei: Das Reh ist ein Reh und kein Hirsch, und es ist tatsächlich sehr munter, allerdings eher im Sinne von schreckhaft. Das liegt an seinem Fluchtverhalten. Als Beutetier von vielen Fressfeinden ist es hochgradig scheu, was zu dieser Redensart geführt haben wird. Dazu kommt noch, dass das Reh trotz seiner Niedlichkeit stark bejagt wird – kaum zu glauben, aber in Deutschland werden im Jahr mehr als eine Million Tiere erlegt. Dazu kommen 200.000 Rehe, die Opfer von Wildunfällen werden. Man muss sich wirklich wundern, dass Rehe noch nicht ausgestorben sind.

»Reihern«

sich übergeben

Immer wieder werden tierische Eigenheiten dazu benutzt, um menschliche »Rührungen« zu umschreiben. Das gilt für Ausscheidungen allgemein, weil diese meist mit Tabus belegt sind. Noch vor wenigen Jahren galt es zum Beispiel als ungehörig, in der Öffentlichkeit den spätestens durch den TV-Kommissar Schimanski alltagstauglich gemachten Ausdruck für menschliche Exkremente zu benutzen. Auch für das durch den Brechreiz ausgelöste Übergeben gibt es diverse Decknamen, die dem Betroffenen helfen, sich schicklich auszudrücken. Das eher saloppe ***Reihern*** geht auf das Problem zurück, dass Vögel ihren Jungen, die im Nest auf Atzung warten, diese auf irgendeine Weise mitbringen müssen. Bei Raubvögeln ist das kein Problem, denn diese tragen ihre Beute frisch gefangen zum Horst. Bei Schreitvögeln wie dem Reiher, der sich von kleinen Fischen, Amphibien, Kleinsäugern und Krebstieren ernährt, lohnt sich der einzelne Rückflug zum Nest nicht. Sie sammeln Beute im Kropf und würgen diese dann, schon halb verdaut, entweder ins Nest oder direkt in den Schnabel des Jungtiers – sie ***reihern***.

»Falsch wie eine Schlange«

hinterhältig

Natürlich muss eine Schlange sich heimlich an ihre Beutetiere heranschleichen. Ihr deswegen Hinterlistigkeit oder gar Falschheit vorzuwerfen, ist ungerecht. Dieses Vorurteil beruht ja auch nicht auf der Natur, sondern auf der berühmten Stelle im Alten Testament, wo der Teufel in Gestalt einer Schlange Eva zum Genuss eines verbotenen Obstes verführt. Dass er dazu falsche Versprechungen macht, ist nun wieder Teufelsart und ihm nicht vorzuwerfen, aber die Schlange muss leider bis heute mit diesem Attribut leben. Andere Redensarten, in denen das Kriechtier vorkommt, beziehen sich auf echte charakteristische Merkmale. ***In Schlangenlinien*** fahren Personen unter dem Einfluss von Rauschmitteln, die ihnen eine kurvige Strecke vorgaukeln, wogegen das ***Schlange stehen***, also in langer, schlangenartiger Reihe warten, garantiert, dass derjenige, der zuerst kommt, auch zuerst drankommt. ***Da beißt sich die Schlange in den Schwanz*** – das kommt sicher extrem selten vor, aber dieses Bild wird benutzt, um zu beschreiben, dass man in einer Argumentationskette wieder am Anfang ankommt.

»Schmetterlinge im Bauch haben«

verliebt sein

Diese Redewendung ist noch nicht sehr alt; in Deutschland hat sie sich seit den 1970er-Jahren verbreitet und ist seitdem ein beliebter Titel romantischer Popmusik. Ursprünglich handelt es sich um ein Zitat aus einem englischen Roman mit dem Titel *»House of Prayer«*, in dem die Autorin Florence Converse 1908 den phantasievollen Ausdruck ***»butterflies in the stomach«*** prägte. Er umschreibt das den meisten Menschen bekannte Kribbeln im Bauch, eines der physischen und psychischen Symptome im Zustand des Verliebtseins, recht anschaulich. Flatternde Schmetterlinge können ja erstaunliche Dinge in Bewegung setzen. Legendär ist der »Schmetterlingseffekt« im Rahmen der Chaostheorie, die es – kurz zusammengefasst – für möglich hält, dass der Flügelschlag eines Schmetterlings mit all seinen möglichen Folgen und Kettenreaktionen einen Sturm auf der anderen Seite der Erde auslösen kann. Da sind Schmetterlinge im Bauch deutlich harmloser.

»Jemanden zur Schnecke machen«

eine Person heftig kritisieren

Das Charakteristische an einer Schnecke ist das Haus, denn kaum ein anderes Tier trägt seinen Unterschlupf mit sich herum. Und das Schneckenhaus benötigen wir zum Herleiten dieser Redewendung. Die Schnecke ist ja ein wehrloses Tier, das hoffen muss, keinem seiner Fressfeinde zu begegnen, denn an eine Flucht ist im sprichwörtlichen ***Schneckentempo*** nicht zu denken. Daher haben Schnecken ihr Haus bitter nötig, weil sie nicht nur von Tieren, sondern auch von menschlichen Feinschmeckern – nun ja – »verfolgt« werden, die alles verspeisen, was da kreucht und fleucht. Dieses Schneckenhaus ist eine erstaunliche Architektur, die mit der Schnecke mitwächst, so dass sie sich in jedem Lebensalter – in der freien Natur wird sie bis zu acht Jahre alt – im Gefährdungsfall in die stabile Kalkspirale zurückziehen kann. Das tut sie bei der geringsten Berührung, und darauf bezieht sich die Redewendung, die eine Kritik meint, nach der der Eingeschüchterte in Deckung geht wie eine Schnecke in ihr Haus.

»Das ist eine Schwalbe!«

Da täuscht einer beim Fußball ein Strafraumfoul vor!

Schwalben ernähren sich von Fluginsekten, hauptsächlich Mücken. Diese flattern meist in Nähe des Erdbodens, so dass die Schwalben dicht über der Erde jagen. Oft werden die Insekten aber auch in ihrer Flughöhe von Luftturbulenzen beeinflusst und bei gutem Wetter durch aufsteigende warme Luftmassen nach oben getragen; dorthin folgen ihre Jäger ihnen natürlich. Dadurch ist die Bauernregel entstanden, dass hoch fliegende Schwalben gutes Wetter vorhersagen, während Regen drohe, wenn sie dicht über dem Boden jagen. Abseits dieser – übrigens nicht hundertprozentig verlässlichen – Wettervorhersage hat man sich vom Tiefflug der Schwalben zu einer fußballerischen Redensart inspirieren lassen. Die Fußballreporter – und natürlich die Fans – schimpfen dann über eine ***Schwalbe***, wenn ein Stürmer vortäuscht, im Strafraum durch einen gegnerischen Spieler unfair gestoppt worden zu sein, indem er sich in vollem Lauf mit ausgebreiteten Armen fallen lässt. Sehr berühmte Spieler waren bekannt dafür, dass sie mit allen Mitteln gewinnen wollten, auch mithilfe von Strafraumschwalben.

»Mir schwant nichts Gutes«

Ich habe eine ungute Vorahnung.

Vermutlich hat das Verb ***Schwanen*** mit Schwänen etymologisch gar nichts zu tun, aber mythologisch. Der Schwan war nämlich schon bei den Germanen ein Tier mit prophetischen Gaben, auch in der Sage vom Schwanenritter spielt ja die Vorahnung, dass der Ritter eines Tages wieder verschwinden wird, eine wichtige Rolle. Die folgende Redensart stammt ebenfalls aus diesem Kontext. ***Mein lieber Schwan!*** bezieht sich auf Richard Wagners Umsetzung des Stoffes in seiner Oper »*Lohengrin*«, wo der Titelheld sich mit den Worten ***»Nun sei bedankt, mein lieber Schwan!«*** von diesem verabschiedet und später ***»Mein lieber Schwan! Ach, diese letzte, traur'ge Fahrt, wie gern hätt' ich sie dir erspart!«*** seufzt. Die Redewendung steht heute als Ausdruck der Verwunderung beziehungsweise der Anerkennung. Aus der Welt des Balletts stammt die Redensart ***Den sterbenden Schwan markieren***, also gestenreich um Aufmerksamkeit werben. »*Der sterbende Schwan*« ist ein Tanz-Solo, das 1905 entstand und musikalisch ein Motiv aus »*Karneval der Tiere*« von Camille Saint-Saëns nutzt.

»Wie ein Spatz essen«

nur eine kleine Portion zu sich nehmen

Der Spatz heißt bekanntlich eigentlich Sperling. Die Spatzen, um die es in Redewendungen geht, sind Haussperlinge, die auch in Städten vorkommen. Wichtig ist, dass sie Orte finden können, in denen sie ihre Form der Gefiederpflege betreiben können, das Staub- oder Sandbaden. Spatzen ernähren sich vorwiegend von Pflanzensamen und kleinen Insekten und sind sprichwörtlich genügsam, worauf die Redensart ***Wie ein Spatz essen*** anspielt. Dem widersprach in der Vergangenheit die Überzeugung verschiedener Regierungen, dass Sperlinge eine Landplage und für Ernteschäden verantwortlich seien. Sie gingen nämlich in mehreren sogenannten Spatzenkriegen gegen Sperlinge vor, vom Spatzenkrieg Friedrichs des Großen 1744 bis zur Spatzenkampagne in China 1958, bei der auf Veranlassung von Mao Zedong zwei Milliarden Spatzen (!) getötet wurden. Wegen der daraufhin starken Ausbreitung von Schädlingen, die Mao eigentlich hätte voraussehen können, wurde die Kampagne wieder eingestellt – und Sperlinge aus der Sowjetunion importiert.

»Das pfeifen die Spatzen von den Dächern«

Das ist kein Geheimnis.

Also gut: Spatzen gehören zwar zu den Singvögeln, aber wer schon mal an einem Busch oder Baum vorbei gekommen ist, in dem ein Schwarm Sperlinge sich unterhielt, kennt dieses »Geräusch«, das mit Gesang eher wenig Ähnlichkeit hat. Insofern pfeifen Spatzen gar nicht von den Dächern, sie tschilpen höchstens. Die Redensart, die seit dem 19. Jahrhundert bekannt ist, geht wohl darauf zurück, dass Spatzen als Geheimnisverräter in Frage kamen, da sie früher wirklich überall anzutreffen waren. Die Redewendung ***Mit Kanonen auf Spatzen schießen***, die für eine vollkommen übertriebene Reaktion steht, die die Verhältnismäßigkeit nicht wahrt, soll zuerst 1872 von dem österreichisch-ungarischen Politiker Graf Gyula Andrássy verwendet worden sein, als es im »Kulturkampf« um die Maßnahmen Bismarcks gegen die katholische Kirche ging, die Andrássy für übertrieben hielt.

»Schimpfen wie ein Rohrspatz«

sich laut und wütend Luft machen

Es gibt 43 Arten Spatzen, aber ein Rohrspatz steht nicht in »Brehms Tierleben«. Es handelt sich bei diesem schimpfenden Singvogel daher nicht um einen Sperling, sondern in Wirklichkeit um eine Rohrammer, die wegen ihrer Ähnlichkeit leicht mit dem Spatz zu verwechseln ist und im Volksmund daher auch Rohrspatz genannt wird. Die Ammer, eine Zugvogelart, lebt allerdings im Unterschied zum Sperling hauptsächlich in Schilfgebieten im Röhricht und in Sümpfen. Dort sieht man den Vogel oft schräg an einem Halm sitzen, während er seinen charakteristischen Gesang hören lässt, der Anlass zu dieser Redewendung gegeben hat. Denn dabei handelt es sich um einen langgezogenen Zwitscherlaut, der hoch und rau und regelrecht durchdringend ist. Ständig schwätzend und zeternd erinnert dieser »Gesang« an Schimpfen, wobei unklar bleibt, worüber sich der kleine Vogel eigentlich so aufregt.

»Nicht schlecht, Herr Specht!«

Respekt! Alle Achtung!

Der Volksmund bringt immer mal wieder neue Floskeln hervor, die zwar dasselbe meinen wie schon vorhandene – früher sagte man in einer ähnlichen Situation kurz und knapp »Donnerwetter!« – aber frisch und unverbraucht klingen. Dazu gehört ***Nicht schlecht, Herr Specht!,*** ein Ausruf der Anerkennung, obwohl der bekannte klopfende Waldbewohner kaum etwas mit der zu würdigenden Leistung zu tun habe dürfte. Die Redensart mit dem Specht ist gebildet worden, weil der besagte Volksmund ein Reimwort auf »schlecht« suchte; andererseits ist der Versfuß Jambus mit seiner Betonung auf der zweiten Silbe schon immer typisch für Scherzgedichte gewesen. Der Spruch ist seit Mitte des 20. Jahrhunderts verbreitet – da wird es langsam Zeit für was Neues. Apropos Specht: Der ***Schluckspecht*** ist ein Verwandter der ***Schnapsdrossel***. Beide sind keine Vögel, sondern passionierte Alkoholiker und haben, neben der Vorliebe für Hochprozentiges, etwas gemeinsam: Das Wort »Schnaps« ist früher aus dem niederdeutschen Wort für »Schluck« gebildet worden, das sich so ähnlich anhört.

»Wie ein Storch im Salat«

extrem lang- und dünnbeinig

Menschen, die auffällig lange und dünne Extremitäten haben, werden gern mit einem ***Storch im Salat*** verglichen. In der Tat hat der Storch, wie auch der Reiher, der Kranich und andere Schreitvögel, extrem dünne, stelzenartige Beine, mit denen er im hohen Gras, aber auch im Flachwasser oder Sumpf herum schreiten kann, um Beute zu finden. Die fängt er, ob Fisch, Frosch oder Maus, durch einen blitzschnellen Stoß mit dem langen Schnabel. Dass der Salat in die Redewendung gekommen ist, könnte daran liegen, dass der Storch oft auf Salatfeldern gesichtet wird, wo er seine Beute, die durchaus auch aus Schnecken bestehen kann, aufstöbert. Dass der Storch selbst als Mahlzeit zubereitet werden könnte, ist ausgeschlossen. Die Redensart ***Da brat mir doch einer 'nen Storch!*** bezieht sich auf das auch im Mittelalter ernst genommene alttestamentarische Verbot, Reiher, Raben, Schwalben und eben Störche zu essen, zumal der Storch ja nach der Legende die kleinen Kinder brachte. Einen Storch zu braten gehörte sich also nicht und würde nur Entrüstung hervorrufen.

»Noch an den Klapperstorch glauben«

unerfahren, leichtgläubig sein

Wenn Personen vor allem im Geschäftsleben leicht zu beeindrucken sind, wendet man gern die Redewendung vom Klapperstorch an, um deren Leichtgläubigkeit zu verdeutlichen. Aber ist es nicht auffällig, dass laut Statistik in mehreren europäischen Ländern eine auffällige Korrelation zwischen der Zahl der Storchenpaare und der Geburtenrate besteht? Natürlich ist das nur eine scheinbare Wechselbeziehung, aber könnte diese Tatsache nicht auch der Grund dafür sein, warum der Storch die Antwort auf eine der schwierigsten Fragen ist, die Eltern beantworten müssen? Er hat diese Rolle schon seit Jahrhunderten inne, und Kindern wird der angebliche Babylieferant als »Klapperstorch« vorgestellt, was nicht ganz unbegründet ist, denn der Weißstorch verständigt sich mit Seinesgleichen mit Schnabelgeklapper, zur Begrüßung des Partners, zur Verteidigung gegen Konkurrenten, auch bei der Balz. Kindern, die schon Erfahrung mit dem Klapperstorch haben, wird auch sichtbare Schwangerschaft manchmal damit erklärt, dass die Frau ***vom Storch ins Bein gebissen*** worden sei.

»Sich spinnefeind sein«

eine extreme Abneigung haben

Es gibt mehrere Redewendungen oder sprachliche Ausdrücke, die mit »Spinnen« zu tun haben. Bei der Deutung ist aber Vorsicht geboten, denn die meisten Bildungen wie ***Sich etwas zusammenspinnen***, ***Du spinnst!*** oder auch das bekannte geflügelte Wort ***Spinne am Morgen bringt Kummer und Sorgen, Spinne am Abend erquickend und labend*** haben mit den Tieren nichts zu tun, sondern leiten sich von der handwerklichen Tätigkeit des Spinnens, also der Garnerzeugung ab. Außerdem kommt auch der Name des achtbeinigen Krabbeltiers vom Fadenspinnen und nicht umgekehrt. Die Spinne ist also das Tier, das Fäden spinnt. Es gibt aber eine Redewendung, die wirklich von der Spinne abgeleitet ist: ***Spinnefeind*** mit jemandem ist man, wenn man den Gegner am liebsten umbringen würde. Diese Wendung ist schon im 16. Jahrhundert bei Luther nachweisbar. Vermutlich geht der Ausdruck auf die Beobachtung zurück, dass manche Spinnen ihre Geschlechtspartner töten; die Weibchen von manchen Arten sind deutlich größer als die Männchen und wurden früher vielleicht als verschiedene Arten angesehen.

»Allen Unkenrufen zum Trotz«

Warnungen vor einem Unglück ignorierend

Neben den Fröschen und den Kröten gibt es unter den Amphibien noch eine weitere Froschlurch-Art. Sie kommt in der Redensart ***Allen Unkenrufen zum Trotz*** vor, die so viel bedeutet wie, dass man vage Warnungen vor einem drohenden Unglück ignoriert. Warum die Unke, eine – entgegen einer weit verbreiteten Meinung – nicht etwa besonders dicke Kröte, sondern eigentlich eine kleine, nur etwa vier bis fünf Zentimeter lange, allerdings ziemlich hässliche, warzige Amphibie, in den Ruf eines Unheilpropheten gekommen ist, hängt vielleicht mit dem traurig klingenden Ruf des Männchens zusammen, der wie »unk« klingt und dem Tier seinen Namen gegeben hat. In der Literatur wurde die Unke daher früher oft in melancholischen Zusammenhängen erwähnt und muss damit leben, als Verkörperung der Hässlichkeit und als Unheilsprophetin zu gelten.

»Einen Vogel haben«

nicht ganz bei Verstand, leicht verrückt sein

Viele Redewendungen beziehen sich auf einen alten Aberglauben, dass nämlich bestimmte Krankheitsbilder darauf zurückzuführen seien, dass kleine Tiere im Körper nisten und sich dort danebenbenehmen. Vermutlich hat sich diese Vermutung dadurch entwickelt, dass man in Kadavern von Tieren Maden und sonstige lebendige Verwesungsprofiteure fand. Vor allem der Schädel als Sitz des Gehirns und damit des Bewusstseins wurde verdächtigt, Heimstatt verschiedener Lebewesen zu sein: »Grillen«, einen »Hirnwurm«, die »Motten«, vor allem aber Vögel schienen den Kopf des Öfteren als Nistplatz zu missbrauchen. Der Betroffene hatte dann ***einen Vogel***, der in Berlin auch schon mal als »Meise« identifiziert wurde. Weit verbreitet ist die bekannte Geste, mit der man dem geistigen Tiefflieger den Aufenthaltsort seines tierischen Mitbewohners zeigt: mit dem Zeigefinger an die eigene Schläfe. Vorsichtigere Menschen erkundigen sich lieber mit der Frage ***Bei dir piept's wohl?*** nach dem Vogel.

»Ein schräger Vogel«

ein seltsamer Zeitgenosse

Weil Vögel dieses bunte Gefieder und ihren ganz unterschiedlichen Gesang haben, aber auch, weil sie sich so frei in der Natur bewegen, wurden individualistische Menschen oft mit Vögeln verglichen und durch entsprechende Attribute charakterisiert. Da gibt es den ***komischen***, den ***schrägen***, den ***lockeren*** oder auch den ***seltenen Vogel***. Den letzteren Ausdruck als Bezeichnung für einen etwas schrulligen Menschen findet man schon in der Antike in satirischen Texten. Deutlich jünger für einen menschenscheuen Sonderling, nämlich aus dem 16. Jahrhundert, ist der ***komische***, zeitgemäß gesteigert zum ***schrägen Vogel***. Als ***lockeren Vogel*** bezeichnet man wiederum jemanden, der es mit Vorschriften und Disziplin nicht so genau nimmt, während der ***lustige Vogel*** auch als ***Spaßvogel*** bekannt ist – beide sind immer zu Scherzen aufgelegt. Der ***Pechvogel*** dagegen ist als einziger in diesem Zusammenhang ein echter Singvogel, den man früher auf einer mit klebrigem Pech bestrichenen Rute fing, um ihn anschließend zu verspeisen – Pech gehabt!

»Er ist vogelfrei«

Er kann allgemein kritisiert werden.

Der in dieser Redensart enthaltene Begriff könnte zu einem Missverständnis führen, da er nicht mit dem Ausdruck ***Frei wie ein Vogel*** verwechselt werden darf. Bedeutet dieser ganz offensichtlich, dass hier ein Mensch ungebunden und ohne Verpflichtungen irgendwelcher Art leben kann, so handelt es sich bei ***Vogelfrei*** um einen sehr negativen Begriff aus der spätmittelalterlichen Rechtsprechung. Seit dem 16. Jahrhundert ist ein Mensch ***vogelfrei***, wenn er aufgrund einer Straftat, vor allem wegen eines Mordes, geächtet wurde. Damit war verbunden, dass der Verurteilte *»frei wie die Tiere im Wald«* sein sollte, ihm daher auch keine Behausung gewährt werden durfte. Vor allem aber konnte er nach dem Tode nicht kirchlich beigesetzt werden, sondern die Leiche war für die ***Vögel frei***gegeben, also den ***Galgenvögeln*** zum Fraß überlassen – ein schlimmes Schicksal in einer sehr religiösen Epoche. Die Redewendung ***Der Vogel ist ausgeflogen*** geht auf brütende Vögel zurück, die Baumhöhlen oder Nistkästen verlassen haben; sie wird manchmal in Krimis für entwischte Gesuchte verwendet.

»Er hat den Vogel abgeschossen«

Er hat eine außerordentliche Leistung vollbracht.

In Gegenden, wo das Schützenfest für die Gemeinde der Mittelpunkt des Jahres ist, muss diese Redewendung nicht erklärt werden. Denn seit dem Mittelalter wurden auf Volksfesten Schießwettbewerbe ausgerichtet, bei denen mit der Armbrust, dem Bogen oder später mit Pulver und Blei auf ein Ziel geschossen wurde. Dieses wurde – und wird noch immer – durch einen aus Holz geschnitzten Vogel auf einer hohen Stange dargestellt, und da muss es schon ein königlicher Adler sein, dessen Aussehen, Halterung und Holzart heutzutage übrigens in Richtlinien des Bundesinnenministeriums genau festgehalten sind. Der Reihe nach wird dieses »Vogelschießen« durchgeführt, bis ein Schütze oder eine Schützin den ganzen Vogel auf einmal oder einen kleinen, von den Vor-Schützen verfehlten Rest heruntergeholt, abgeschossen hat. So ganz eindeutig ist die Redewendung allerdings nicht. Ob wirklich jemand mit einer guten Leistung für Begeisterung sorgte oder das Lob ironisch gemeint ist und sich an jemanden wendet, der den größten Fehler gemacht hat, hängt vom Gesamtzusammenhang ab.

Eine »Wanze« benutzen
geheimdienstlich belauschen

Die Wanze gehört zur Insektenordnung der so genannten Schnabelkerfe, zu denen auch Blattläuse und Zikaden gehören. Entscheidend dafür, dass der Volksmund Abhörgeräte »Wanzen« genannt hat, könnten zwei Assoziationen sein: Einmal zeichnet Wanzen im Unterschied zu Käfern eine flache und leicht eckige Form aus, die für Abhörwanzen, die es natürlich in vielen verschiedenen technischen Ausführungen gibt, auch charakteristisch ist. Möglicherweise hat aber auch das bekannte Kinderlied ***»Auf der Mauer auf der Lauer sitzt `ne kleine Wanze«*** zu dieser Benennung beigetragen, das erstmals 1890 in einem Liederbuch veröffentlicht wurde. In der DDR hatte das Lied einen ironischen Bezug zum Staatsicherheitsdient, der ja bekanntlich »Wanzen« benutzte, um mit diesen Apparaten auf »subversive Elemente« zu lauern. Auf was die Wanze im Lied lauert, wird nicht verraten; der Reiz des Liedes liegt ja bekanntlich darin, dass man pro Strophe pro Zeile einen Buchstaben weglassen muss, was bei singenden Kindern immer gespannte Aufmerksamkeit garantiert.

»In ein Wespennest stechen«
eine gefährliche Sache aufgreifen, was für viel Aufruhr sorgen wird

Besonders zur Pflaumenkuchenzeit werden sie lästig: die Wespen. Die Frage, warum gerade dann so viele dieser Insekten, nach deren eingekerbtem Körper die bekannte ***Wespentaille*** benannt ist, ungebetene Gäste an so mancher Kaffeetafel sind, ist schnell beantwortet. Die für die Attacken verantwortlichen Arten, die Deutsche Wespe und die Gemeine Wespe, sind staatenbildende Insekten, die immer nur einen Sommer lang existieren. Nach dem Tod der alten Königin löst sich ihr Wespenstaat auf. Dann vagabundieren die noch lebenden Arbeiterinnen, die ihre Aufgabe verloren haben, auf Suche nach Nahrung durch die Umgebung. Die Wespennester beider Arten sind gefährliche Orte, denn die um ihre Brut besorgten Insekten fackeln nicht lange und verjagen Tiere und Menschen, die sich nähern, angriffslustig mit Stichen. Man kann sich leicht ausrechnen, was die Beschädigung oder Zerstörung eines Nestes, in dem bis zu 7000 Individuen zu Hause sind, bedeuten würde. Daher meint die Redewendung, die schon Goethe so ähnlich kannte, eine Situation, in der sich jemand bewusst oder unbewusst in eine heikle Situation begibt.

»Stinken wie ein Wiedehopf«

einen unangenehmen Geruch ausströmen

Der etwa drosselgroße Vogel mit der auffälligen Federhaube konnte in Deutschland bis in die Mitte des 20. Jahrhunderts häufig auf Feldern und Wiesen beobachtet werden. Durch Biotopzerstörung und Pestizide ist der Bestand heute gefährdet. Der merkwürdige Name hat gar nichts mit Hüpfen zu tun, sondern dessen althochdeutsche Wurzel weist auf den Brutort hin, wo der Vogel sein Nest baut, denn Wiedehopfe nutzen gern natürliche, aber auch Spechthöhlen in Bäumen. Dort legen sie ihre Nester an, und mit denen hat die Redewendung zu tun, denn Wiedehopfe haben ein eigenartiges Schutzverhalten gegen Feinde entwickelt. Sich bedroht fühlende Nestlinge, aber auch die das Nest beschützenden Weibchen spritzen als Abwehrreaktion ihren Kot aus der Höhle, aber auch ein besonders ekelhaft riechendes Bürzeldrüsensekret. Da Reste dieser Substanz oft im Nest verbleiben und den typischen Geruch bewirken, ist diese Redensart entstanden und der Wiedehopf gilt schon seit alters her als typischer Nestbeschmutzer.

»Flink wie ein Wiesel«

sehr agil

Das Wiesel ist mit seinen 20 cm Länge zwar das kleinste Raubtier der Welt, aber es ist ein echtes Raubtier. Als reiner Fleischfresser jagt dieser kleine Marder hauptsächlich Mäuse, für deren unterirdische Verfolgung in den Mäusegängen er aufgrund des langgestreckten, schlanken Körpers mit kurzen Gliedmaßen hervorragend ausgestattet ist. Diese Fähigkeit hat dazu geführt, dass Mauswiesel zur Bekämpfung von Mäuseplagen eingesetzt wurden. Wiesel sind aggressive Jäger, die manchmal durchaus auch größere Beutetiere erlegen, sogar Kaninchen und Vögel. Da Mäuse sich blitzschnell bewegen können, kann das Wiesel das auch. Diese extrem hohe Beweglichkeit hat dazu geführt, dass unsere Sprache mit dem Tiernamen das Adjektiv ***wieselflink*** und das Verb ***herumwieseln*** gebildet hat.

»Mit den Wölfen heulen«

Mächtigen beipflichten

Der Wolf, früher in ganz Europa verbreitet und seit dem späten Mittelalter bis zur Ausrottung verfolgt, wird neuerdings wieder häufiger gesehen. Trotz seines ausgeprägten Sozialverhaltens und recht hoher Intelligenz hat er, auch wegen seiner Rolle als negativer Held in vielen Märchen und Sagen, ein schlechtes Image. In diesem Sinn ist er auch in diversen Redewendungen vertreten. Wer ***unter die Wölfe gerät***, läuft Gefahr, dass mit ihm kein großes Federlesen gemacht wird und er von Gegnern in seiner Existenz bedroht wird. Außer natürlich, er würde ***mit den Wölfen heulen***. Diese schon bei den Römern bekannte Redensart bezieht sich auf das bekannte gemeinschaftliche Geheul des Rudels, das zur Reviermarkierung dient und von rudelfremden Wölfen respektiert wird. Die Redewendung umschreibt, dass jemand sich wegen eines Vorteils oder um Schwierigkeiten zu vermeiden mit denen gemein macht, die viel Lärm um eine Sache machen, die er eigentlich nicht vertreten kann.

»Jemanden durch den Wolf drehen«

eine Person intensiv befragen

Der Wolf ist bekanntlich immer ***hungrig wie ein Wolf***. Sein Gebiss scheint Hersteller von Geräten, die der Zerkleinerung dienen, in erster Linie natürlich Fleisch, aber auch Gemüse, Papier oder Stoff, inspiriert zu haben, diese Geräte ***Wolf*** zu nennen. Am bekanntesten ist sicher der ***Fleischwolf***, der dazu dient, größere Fleischstücke in Hackfleisch zu verwandeln. Dazu muss man sie ***durch den Wolf drehen***, ein stabiles Werkzeug mit integriertem Schneidewerk. Im übertragenen Sinn bedeutete die Redensart ursprünglich, jemanden, aus welchen Gründen auch immer, körperlich stark unter Druck zu setzen; später entwickelte sich die abgeschwächte Form, dass zum Beispiel ein Bewerber einer intensiven Befragung ausgesetzt wird. Ein ***Reißwolf*** wiederum ist dafür zuständig, in erster Linie Papier und Pappe, aber auch Textilien oder Lumpen zu zerkleinern. Die Bissigkeit von Wölfen hat schließlich auch zur Übertragung des Namens auf ein Hautekzem geführt. Schon im 15. Jahrhundert konnte man ***sich einen Wolf laufen***, die Haut wirkt dann wie zerfressen – das beißt!

»Es wurmt mich«

Ich bin verärgert.

Sind die kleinen länglichen Tiere in Äpfeln oder Pflaumen Würmer? Oder bezeichnet die Umgangssprache alles, was lang und dünn ist, als Wurm? Oft hat der Volksmund Recht, wie beim Bandwurm, der tatsächlich zu den Plattwürmern gehört, aber manchmal fallen darunter auch Raupen, Larven von Käfern wie der Mehlwurm oder längliche Insekten wie der »Ohrwurm«. Redewendungen mit Würmern lassen sich meist auf eine im Mittelalter verbreitete Ansicht zurückführen, dass nämlich verschiedene Krankheiten durch Würmer hervorgerufen würden. So glaubte man, dass ein »Zahnwurm« am Gebiss nage und dadurch Zahnschmerzen verursache. Möglicherweise durch im Gehirn aufgefundene Larven des Fuchsbandwurms wurden auch im Kopf lebende »Hirnwürmer« vermutet, die Kopfschmerzen, aber auch Geisteskrankheiten verursachten. Quacksalber erboten sich, die Parasiten den Betroffenen aus der Nase zu ziehen – möglicherweise eine Ursache der Aufforderung an schweigsame Menschen, sie sollten sich doch nicht ***jeden Wurm einzeln aus der Nase ziehen lassen.***

Ein »Bücherwurm« sein

in der Vergangenheit leben

Unter den umgangssprachlich auch »Würmer« genannten Raupen oder Maden gibt es sehr unterschiedliche Arten in sehr unterschiedlichen Biotopen. So leben Larven von Nagekäfern als »Holzwurm« in Balken von Fachwerkhäusern. Einige Arten haben sich im Laufe der Evolution auf Bücher umgestellt, deren Papier ja bekanntlich aus Holz gemacht wird. In alten Folianten findet man diese ***Bücherwürmer***, deren Bezeichnung gern auch auf Menschen, die sehr viel lesen, übertragen wird. Meist schwingt ein spöttischer Unterton mit, wenn Personen gemeint sind, die ihr Wissen weiterhin nicht aus Wikipedia, sondern aus dem Großen Brockhaus beziehen. Die Auswirkung eines anderen »Wurms« bekommen Kinder zu spüren, die ***den Drehwurm kriegen***, wenn sie sich zu lange um ihre eigene Achse gedreht haben. Hierbei handelt es sich um Störungen des Gleichgewichtsorgans im Innenohr, aber früher wurden im Körper lebende Würmer für solche Phänomene verantwortlich gemacht. Ein echter Drehwurm ist die Larve des Quesenbandwurms, weil sie sich im Gehirn ansiedeln kann und bei Schafen die »Drehkrankheit« verursacht.

Sich freuen wie ein Schneekönig

übermäßig beglückt sein

Ältere Semester werden sich noch an die Fußballweltmeisterschaft 1966 erinnern. Damals ging der Stern eines jungen Mittelfeldspielers namens Franz Beckenbauer auf, der auch offensiv spielte und gleich im ersten Spiel zwei Tore erzielte. Die Presse schrieb damals als Unterschrift unter dem Foto des Jubelnden, er freue sich ***wie ein Schneekönig***. Dieser Vergleich war aber keine Vorstufe zu Beckenbauers späterem Spitznamen »Kaiser«. Vielmehr ist der Schneekönig, von dem in dieser Redewendung die Rede ist, ein kleiner Vogel, der unter einem anderen, aber ebenso adligen Namen bekannt ist: der Zaunkönig. Dieser drittkleinste Vogel Europas wurde früher auch »Schneekönig« genannt, da er sogar im Winter singt. Der heute gebräuchliche Name geht auf eine Fabel zurück, in der der kleine Vogel sich darüber freut, dass er es durch allerlei Listen geschafft hat, sich zum König der Vögel zu erheben. Sie verspotten ihn aber als »Zaunkönig«, weil er in Sträuchern und Zäunen herum schlüpft.

Das sind »Zecken«

Das sind menschliche Parasiten, die man vernichten muss.

Menschen mit Tiernamen zu belegen, heißt, sie mit Tieren zu vergleichen. Gefährlich wird es dann, wenn Bezeichnungen benutzt werden, die negativ besetzt sind. Erinnert sei an das Vokabular der Nationalsozialisten, die Menschen mit Ungeziefer verglichen, was implizierte, dass sie ausgerottet werden durften. Auch vor gar nicht langer Zeit haben Politiker politische Gegner noch als »Ratten und Schmeißfliegen« beschimpft, und ganz aktuell ist in der rechtsradikalen Szene verbreitet, Linke »Zecken« zu nennen. Die echte Zecke, kein Insekt, sondern ein Blut saugendes Spinnentier, verbreitet sich als Folge des Klimawandels inzwischen überall in Mitteleuropa. Da es tatsächlich gefährliche Krankheiten übertragen kann, ist es zwar nachvollziehbar, wenn sich Menschen in einem Akt des Selbstschutzes einer Zecke entledigen. Menschen aber als »Zecken« zu bezeichnen, ist beunruhigend, weil es an die beleidigende Sprache der Nazis anknüpft und wieder eine kaum verhüllte Tötungsaufforderung beinhaltet; da überrascht es nicht, dass gewalttätige Ausschreitungen in der rechten Szene gern als »Zecken klatschen« verharmlost werden.

Kapitel 3

Exotische Tiere

»Klappe zu, Affe tot!«

Von knutschenden Elchen und weinenden Krokodilen

»Du Affe!«

Du benimmst dich lächerlich!

Affen als in Europa ursprünglich nicht vorkommende Tiere kommen in unserer Sprache relativ häufig vor, weil sie seit dem Mittelalter Bestandteil unserer Kultur sind. Ganz im Gegensatz zur hohen Intelligenz von Primaten, die damals allerdings noch nicht bekannt war, geht es in der inhaltlichen Verwendung des Begriffs »Affe« meist um negative Bedeutung. So wird ***Affe!*** als direktes Schimpfwort gebraucht und findet sich in dieser negativen Bedeutung in den einschlägigen Redewendungen wieder. Jemanden zu ***äffen*** heißt, ihn zu täuschen, während sich das ***Nachäffen*** auf die oft in Zoos beobachteten, scheinbar menschlichen Gesten, Grimassen oder Verhaltensweisen von Schimpansen bezieht. Daher kommt auch die ***Affenliebe*** genannte übertriebene Liebe, die von dem zärtlichen Umgang der Affenmutter mit ihrem Baby herkommt.

»Ich glaub', mich laust der Affe«

Ich bin sehr überrascht.

Dieser Ausdruck unangenehmer Überraschung geht darauf zurück, dass es früher auf Jahrmärkten oft Gaukler gab, die Affen mit sich führten. Diese sprangen gelegentlich blitzschnell auf Zuschauer und begannen diese scheinbar zu lausen, wobei sie es in Wirklichkeit wohl auf salzhaltige Schuppen im Haar abgesehen hatten. Redewendungen, die offensichtliche oder auch scheinbare Eigenschaften oder Verhaltensweisen von Affen betreffen, stammen aus einer Zeit, als sich die Menschen um die Würde dieser doch recht intelligenten und sozialen Tiere, immerhin unserer nächsten Verwandten im Tierreich, nicht scherten; ob dies mittlerweile anders ist, darf bezweifelt werden. Die folgenden beiden Redewendungen haben aber gar nichts mit Primaten zu tun, sondern haben ihren »Affen«-Anteil aus dem Niederdeutschen: Doch bitte nicht ***Maulaffen feilzuhalten***, meint mit offenem Mund zuhorende Mitmenschen. Im Mittelalter wurden nämlich Kienspanhalter, die in Form eines menschlichen Kopfes, mit offenem Mund als Halterung für den Kienspan, gestaltet waren, »Maulaffen« genannt, mit dem »Maul offen«. Ebenso geht die ***Affenschande*** wohl auch auf das mittelniederdeutsche »apen« (offen) zurück und ist eine »offenbare Schande«.

»Klappe zu, Affe tot!«

Eine Sache ist erledigt und abgeschlossen.

Unter den Sprachforschern ist man sich über den Ursprung dieser Wendung nicht einig, wenn es auch eine plausible Theorie gibt. Diese bezieht sich auf eine früher verbreitete Praxis im Zirkus- oder Schaustellergewerbe. Damals wurden Zuschauer nicht nur durch Umzüge der Akrobaten und der Menagerie durch die Stadt angelockt, sondern auch dadurch, dass am Kassenhäuschen, gewissermaßen als Appetitmacher, ein Äffchen in einem Holzkasten andressierte Kunststückchen vorführte. Auf Jahrmärkten zeigten Schausteller ebenfalls zahme Affen, die zur Belustigung des Publikums Menschen ***nachäfften*** oder diese durch drolliges Verhalten zum Lachen brachten. Die Affen hatten unter den damaligen Haltungsbedingungen keine allzu große Lebenserwartung, zumal es auch kaum medizinische Versorgung gab. Wenn der kleine Kleinkünstler gestorben war, blieb seine Bühne, also die Klappe seines Kastens, zu. Aus dem Bereich Varieté, Zirkus oder Jahrmarkt stammt auch ***Ein Affentheater aufführen***, also mit übertriebenem Gebaren viel Aufhebens um eine Sache machen.

»Wie ein Affe am Schleifstein«

in ungewöhnlicher, seltsamer Sitzposition

Bei den Affen, die in vielen Redensarten auftauchen, sind in der Regel nicht Menschenaffen gemeint, sondern kleinere Arten wie Kapuziner- oder Rhesusaffen. Diese waren den Menschen vor allem in den Großstädten seit dem frühen 20. Jahrhundert vertraut durch ihre Verwendung als Zuschauer anlockende Begleiter von Leierkastenmännern, die die Äffchen abgerichtet hatten, Münzen bei den Zuhörern einzusammeln, und Scherenschleifern – daher die Redewendung mit dem Schleifstein. ***Dem Affen Zucker geben***, also im Rausch ausgelassen sein, und ***Einen Affen sitzen haben***, also betrunken sein, bezieht sich auf die angebliche Trunksucht von Affen, möglicherweise dadurch verursacht, dass Äffchen zur Belustigung des Publikums Alkohol verabreicht wurde, worauf sie sich lächerlich benahmen. Die Haltung dieser bedauernswerten Tiere war kaum artgerecht, und so boten sie einen Anblick, der in der damaligen Zeit bei den Zuschauern Belustigung auslöste, heute aber kaum mit Tierschutzgrundsätzen in Einklang zu bringen wäre.

»Sich zum Affen machen«

eingebildet, eitel sein

Wie viele andere Redensarten im Zusammenhang mit Affen ist auch das Adjektiv ***affig*** negativ besetzt; es hat die Bedeutung eitel, eingebildet, gekünstelt oder dumm, ebenso wie ***Sich zum Affen machen*** bedeutet, sich lächerlich zu machen. Aus diesem Kontext stammt wohl auch der Ausdruck ***Lackaffe***. Eine Deutung geht davon aus, dass man sich damit über einen Mann, der mit übertrieben schicker Kleidung etwas zu viel Wert auf sein Äußeres legt, lustig machen will. Früher waren zu festlichen Anlässen auch bei Männern Lackschuhe üblich, was den ersten Teil des Begriffs bewirkt haben könnte (Frauen werden erstaunlicherweise nie als Lackaffen bezeichnet, obwohl sie weitaus häufiger gelackte Schuhe tragen als Männer). Eine andere Theorie geht aus von einer volkstümlichen Aneignung des französischen Wortes ***»la gaffe«*** (das Missgeschick); aus einem Fauxpas, den man in der Öffentlichkeit begeht, könnte vom Volksmund ein zufällig ähnlich klingendes deutsches Wort gemacht worden sein.

»Einen Affenzahn draufhaben«

sehr schnell fahren

Typisch für die deutsche Sprache sind so genannte »intensivierende Komposita«, also Zusammensetzungen, die die Bedeutung des hinteren Wortteils verstärken, wobei der vordere inhaltlich gar nichts mit dem hinteren zu tun haben muss. Dabei entstehen merkwürdige Verbindungen wie »blutjung«, »sturmfrei«, »stockbesoffen« oder ***Affengeil***. Das letztere Adjektiv bezieht sich nicht auf eine besondere Lüsternheit von Affen – für die allerdings die Bonobos bekannt sind –, sondern benutzt das in der Jugendsprache verbreitete Adjektiv »geil« im Sinne von »gut«, mit der Steigerung »affen-« im Sinne von »sehr«. Eine Wirkungsabnutzung dieser intensivierenden Elemente hat dann dazu geführt, dass auch Komposita aus drei Elementen entstanden sind, so eben auch ***Oberaffengeil***. Kein Wunder, dass es auch viele substantivische Komposita gibt, die sich aber meist auf Charakteristika der verwendeten Tier- oder Pflanzennamen beziehen. So meint ***Einen Affenzahn draufhaben***, dass man rast wie ein sich flink bewegender Affe, während der ***Bärenhunger*** sich auf die ständige Futtersuche der großen Pelztiere bezieht.

»Einen Bärendienst erweisen«

eine Hilfe erweisen, die das Gegenteil des Angestrebten bewirkt

Bären sind wegen ihres gemütlichen Äußeren und ihrer scheinbaren Tollpatschigkeit beliebte Kuscheltiere – ein »Teddybär« wohnt wohl in jedem Kinderzimmer. Dabei sind Bären in Wirklichkeit ***bärenstark*** und haben, wenn sie nicht gerade Winterruhe halten, einen ***Bärenhunger***. Als Einzelgänger kommuniziert der Bär eher selten mit Artgenossen, insofern ist ein ***Brummbär*** in freier Wildbahn wohl eher unfreundlich und mit Vorsicht zu genießen. Die bekannte Redewendung vom ***Bärendienst*** hat ihre Quelle in einer Tierfabel des französischen Dichters La Fontaine. Die 1678 veröffentlichte Fabel »*Der Bär und der Gartenfreund*« zeigt den Bären in einer für Raubtiere eher ungewöhnlichen Rolle, denn hier freunden sich ein Bär und ein Freizeitgärtner an. Eines Tages macht der Mann ein Nickerchen, während der Bär sich über eine lästige Fliege ärgert, die seinen Freund zu wecken droht. Als sich die Fliege auf die Nase des Schlafenden setzt, erschlägt der besorgte Bär die Fliege mit einem Stein – aber leider auch den Freund.

»Einen Bären aufbinden«

anlügen, jemandem etwas vormachen

Bei dieser Redewendung hat vermutlich die Volksetymologie ihre Finger im Spiel gehabt. Der Name des gemütlichen Raubtiers kommt ja aus dem Germanischen und leitet sich von einem alten Wort für »braun« ab, spielt aber in dieser Redensart keine Rolle. Vielmehr bedeutet das mittelhochdeutsche Wort »ber« so viel wie »Last«. Unklar ist allerdings, wieso sich dann die Redewendung im Sinne der heutigen Bedeutung entwickeln konnte. Vielleicht hat ja doch die Jagd Pate gestanden; immerhin wurde 1835 der letzte Braunbär in Deutschland geschossen, und einen Bären erlegt zu haben, war sicher das größtmögliche Jägerlatein, was damals ein Waidmann den Zuhörern aufbinden konnte. Anschließend konnte er ***auf der Bärenhaut liegen***, also dem süßen Nichtstun frönen. Diese Redewendung stammt aus einer studentischen Bierzeitung, in der 1872 ein Lied mit dem Titel »*Tacitus und die alten Deutschen*« veröffentlicht wurde; Zitat: »*Es wohnen die alten Deutschen auf beiden Ufern des Rheins, sie liegen auf Bärenhäuten und trinken immer noch eins.*« Da ***steppte der Bär***!

»Das ist ein Chamäleon!«

Die Person passt sich der Umgebung an, ist ein Opportunist.

Das Chamäleon ist auch für die berühmte Schleuderzunge, die das Eineinhalbfache der Körperlänge erreichen kann, bekannt. Pate für diese Redewendung ist das afrikanische Schuppenkriechtier aber wegen seiner Fähigkeit zu beeindruckendem Farbwechsel, denn es gibt nicht viele Tiere, die ihre Farbe und Hautzeichnung so rasch wechseln können wie das Chamäleon. Nur der Krake ist ebenfalls dazu in der Lage, und auch für ihn gilt, dass das charakteristische Farbenspiel nicht nur etwas mit Tarnung zu tun hat, sondern auch zur Kommunikation mit Artgenossen dient, beispielsweise bei der Balz oder in Kampfsituationen. Das Chamäleon reagiert mit der Färbung auch auf Temperatur, Sonneneinstrahlung, Tageszeit oder Luftfeuchtigkeit. Ein Mensch wird aber nicht deswegen als ***Chamäleon*** bezeichnet, wenn er die Gesichtsfarbe wechselt, also errötet, sondern wenn er sich – wie der Protagonist in Woody Allens Film »*Zelig*« – in seinem ganzen Verhalten, seinen Gesten und nicht zuletzt in seiner Überzeugung an die Umgebung anpasst – im Positiven, aber auch im Negativen.

»Ich denk', mich knutscht ein Elch«

Ich bin sehr überrascht.

Überraschung wird oft durch spontane Redensarten ausgedrückt, die gleichzeitig die Verwunderung illustrieren sollen, die der Betroffene gerade empfindet. Geradezu altmodisch hört sich die einfache Fassung »*Ich glaub', ich seh' nicht recht!*« an. Später wurden vom Volksmund Variationen entwickelt, die teilweise auf tierische Verhaltensweisen Zugriff nehmen. Schon recht alt ist ***Ich glaub', mich laust der Affe***, das auf das Verhalten von Jahrmarktsäffchen zurückgeht. Die seit den 60er-Jahren immer wieder aktualisierende Jugendsprache neigt bekanntlich zu Übertreibungen und Zuspitzungen, die oft paradoxe Züge annehmen und sich in vielen Varianten ausdrücken, die allerdings den Bezug zur Realität meist hinter sich gelassen haben. So meinen manche: ***Ich glaub, mich tritt ein Pferd***, was ja als überraschendes Erlebnis noch plausibel ist, während andere inzwischen glauben, dass ihr ***Schwein pfeift***, ihr ***Hamster bohnert*** oder sie sogar ein ***Elch knutscht***. Alles sicher sehr überraschend, aber wenig glaubhaft …

»Sich wie ein Elefant im Porzellanladen benehmen«

rücksichtslos, unklug oder taktlos handeln

Es ist kaum anzunehmen, dass jemals ein Ladeninhaber einen Elefanten in sein Geschäft für Haushaltswaren hinein gelassen hat. Vielmehr hat der Volksmund, der ja in der Regel für die Bildung von Redensarten zuständig war, hier versucht, das nach seiner – übrigens irrigen – Meinung plumpste und unbeweglichste Tier mit der zerbrechlichsten Ware zusammenzubringen, um einen möglichst großen Gegensatz zu konstruieren. Es geht ja darum, dass ein Tölpel empfindliche, fragile Dinge oder Angelegenheiten plump zerstören könnte, ob es sich nun um Geschäftsbeziehungen oder Diplomatie handelt. In Wirklichkeit sind Elefanten nämlich sehr kluge und vorsichtige Tiere, und vor allem ihre kognitiven Eigenschaften sind bemerkenswert. Neben ihrem Talent, auch über andressierte Zirkuskunststückchen hinaus einfache Rechenaufgaben zu lösen, oder ihrer Fähigkeit, um tote Angehörige zu trauern, hat ihr Erinnerungsvermögen schon oft bemerkenswerte Beispiele geliefert, so dass die Redensart vom ***Gedächtnis wie ein Elefant*** durchaus angemessen ist.

»Du bist ein Faultier!«

Du hast keine Lust zu arbeiten!

Gern werden für bestimmte Eigenschaften von Menschen von Zeitgenossen Beispiele in der Tier- oder Pflanzenwelt gesucht. So gelten manche Menschen als ***flink wie ein Hase***, ***glatt wie ein Aal*** oder ***empfindlich wie eine Mimose***. Das Faultier, eine in Süd- und Mittelamerika lebende Tierart, bietet sich förmlich an zur Illustrierung eines bekannten menschlichen Lasters. Doch Vorsicht – ebenso wie eine Mimose nicht ihre Blätter zuklappt, weil sie gekränkt worden wäre, ist das Faultier nicht wirklich faul. Es bleibt ihm vielmehr angesichts seiner Lebensweise gar nichts anderes übrig, als seinen Lebensrhythmus an seinen Metabolismus anzupassen. Das Faultier ernährt sich nämlich fast ausschließlich von Laub. Aus dieser faserigen und nährstoffarmen Nahrung resultiert eine extrem lange Verdauung von bis zu 150 Stunden und ein entsprechend niedriger Stoffwechsel. Daher hat das Wesen seinen diskriminierenden Namen nicht zu Recht, sondern sollte »Spartier« heißen, weil es Energie einspart, indem es sich sehr langsam bewegt und lange Ruhephasen einlegt.

»Über dieser Firma kreist der Pleitegeier«

Das Unternehmen steht kurz vor dem Bankrott.

Dies ist eine der Redensarten, in denen nur scheinbar ein Tier vorkommt. Kein Wunder, denn der Geier war im deutschen Sprachgebiet kaum verbreitet, und so hat der bereits vor 1900 sprichwörtlich verwendete ***Pleitegeier*** gar nichts mit dem Greifvogel zu tun. Ursprünglich stammt der Wortteil »Pleite« aus dem Jiddischen und bedeutet »Flucht«, während der zweite Teil vom deutschen »gehen« zum jiddischen »gajen« wurde. Dann fand ein – im Volksmund oft feststellbares – »linguistisches Missverständnis« statt, das aus dem »Gajer« einen »Geier« machte. Der »auf die Flucht Geher« wurde somit zum ***Pleitegeier***. Zu dieser nicht sehr angenehmen Bezeichnung hat sicherlich auch der schlechte Ruf des Geiers beigetragen, dessen Name übrigens auf dieselbe Wurzel zurückgeht wie »Gier« und »Geiz«. Die Verwünschung ***Hol's der Geier!*** hat ebenfalls nichts mit dem Vogel zu tun, sondern sein Name wurde, ähnlich wie der des genauso unschuldigen Kuckucks, benutzt, um die Nennung des Teufels zu vermeiden, was den Leibhaftigen – auch dies eine Umschreibung! – möglicherweise herbeigerufen hätte.

»Sich einen Goldfisch angeln«

einen guten Fang machen

Der Goldfisch ist das Tier, das schon am längsten ohne direkten wirtschaftlichen Nutzen gehalten wird. Wie andere, allein zur Freude der Menschen gehaltene Tiere werden Goldfische nicht gegessen, obwohl dieser Fisch ja eigentlich nur eine Art Karpfen mit auffälliger Farbe ist. Er wurde schon vor tausend Jahren in China gezüchtet, sogar die Kaiser hielten Goldfische zu ihrem Vergnügen. In Deutschland, wo Goldfische zunächst unbekannt waren, wurde ein heiratsfähiges reiches Mädchen im Mittelalter als »*Goldvögelchen*« bezeichnet, das es sich lohnte einzufangen. Im 19. Jahrhundert kam die Bezeichnung ***Goldfisch*** für reiche Mädchen auf, während gut aussehende, vermögende, aber einfältige Männer gern als ***Goldfasan*** bezeichnet wurden, ebenfalls ein dekoratives, aber unter Nahrungsgesichtspunkten nutzloses Tier. Goldfische sind ja meist gar nicht wirklich goldfarben, sondern rot. Daher meint die Redensart vom Goldfisch, den man sich angelt, das echte Edelmetall, das die Braut mit in die Ehe bringt.

»Du Kamel!«
Du Dummkopf!

Haben Kamele eigentlich einen oder zwei Höcker? Sowohl als auch, denn die Kamele mit dem lustigen Namen Trampeltier haben zwei Höcker, während Dromedare nur über einen verfügen. In den Höckern speichern die Wüstentiere nicht etwa Wasser, sondern Fett als Nahrungsreserve. Wasser lagern sie in ihrem Magen ein, bis zu 150 Liter, weswegen sie im Notfall bis zu 30 Tage ohne Nahrung auskommen können. Die überragende Bedeutung der Kamele für die Wüstenbewohner hat zu ihrer hohen Wertschätzung, ja Hochachtung im arabischen Raum beigetragen. Im Westen haben Kamele dagegen ein merkwürdig schlechtes Image und gelten als dumm, was möglicherweise mit dem zugegebenermaßen nicht sehr pfiffigen Gesichtsausdruck zusammenhängt. Die bekannte Bibelstelle ***Eher geht ein Kamel durch ein Nadelöhr, als dass ein Reicher in das Reich Gottes gelangt*** könnte auf einen Übersetzungsfehler zurückzuführen sein, da es im griechischen Bibeltext ein Wort gibt, das »Kamel«, aber auch »Schiffstau« bedeuten kann.

»Krokodilstränen vergießen«
Mitgefühl heucheln

Obwohl kaum eines der gefräßigen Reptilien in der Lage sein dürfte, eine menschliche Regung zu verspüren, wird ihnen nachgesagt, bisweilen Tränen des Mitgefühls mit ihrer Beute zu vergießen. Tatsächlich wurde im Rom des 1. Jahrhunderts von Krokodilen, die man aus Ägypten kannte, geglaubt, sie könnten weinen. Das hatte aber mit Sicherheit nichts mit Trauer oder Rührung zu tun; vielmehr war dieser Aberglauben auf das Phänomen zurückzuführen, dass verschiedene Arten von Krokodilen, wenn sie ihr Maul weit öffnen, Druck auf eine bestimmte Drüse ausüben und ein tränenartiges Sekret freisetzen. Dieses »Weinen« wurde angesichts der skrupellosen Raubtiere als Heuchelei interpretiert. Bis heute bezeichnet man eine simulierte Zurschaustellung von Betroffenheit so, obwohl Krokodile natürlich jeden menschlichen Mitgefühls unverdächtig sind.

»Sich in die Höhle des Löwen wagen«

auf feindliches Gebiet vordringen

Die Redensart geht zurück auf eine Fabel des griechischen Dichters Aesop, in der es darum geht, dass ein alter Löwe nicht mehr selbst auf die Jagd gehen kann und eine List ersinnt, einfach seine Beute zu sich zu locken. Als König der Tiere bittet er alle Untertanen zu sich in seine Höhle, um, angeblich vom Tode gezeichnet, von ihnen Abschied zu nehmen. Alle Tiere besuchen ihn tatsächlich, nur dem schlauen Fuchs fällt auf, dass viele Spuren in die Höhle hinein, aber keine wieder hinaus führen. Daraufhin verzichtet er lieber auf den Abschiedsbesuch. Dass Löwen gar nicht in Höhlen leben, sondern in der freien Savanne, war Aesop offenbar nicht geläufig und wurde auch vom Volksmund ignoriert, den die ***Löwenhöhle*** zu diversen Vergleichen inspirierte, sei es das Büro des Vorgesetzten, das Lehrerzimmer oder das Stadion der gegnerischen Fußballmannschaft – jeweils aus dem Blickwinkel des alles aufs Spiel Setzenden gesehen. Auch eine aktuelle Fernsehshow spielt mit dem Klischee von einer Höhle mit gleich mehreren Löwen, die Kandidaten »fressen«.

»Gut gebrüllt, Löwe!«

schlagfertig, aber folgenlos

B***rüllen wie ein Löwe*** kann so mancher, der die Nerven verliert, der Spruch ***Gut gebrüllt, Löwe!*** allerdings – im Original »*Well roared, lion*« – stammt aus Shakespeares Komödie »*Ein Sommernachtstraum*«. Das Stück gehört zu seinen meistgespielten Werken, insofern ist das Zitat einem großen Publikum bekannt. Es führt zu weit, hier den Inhalt des Lustspiels zu erzählen, jedenfalls kommt ein Löwe vor, das Schicksal nimmt, wie bei Shakespeare nicht unüblich, seinen Lauf und es gibt mehrere Tote. Die dem Stück entnommene Bemerkung wird gelegentlich als Zwischenruf genutzt, um einen von sich eingenommenen Redner zu verspotten. Man will damit ausdrücken, dass hier etwas schlagfertig kommentiert wurde, aber keine Konsequenzen haben dürfte. ***Gut gebrüllt, Löwe!*** ist auch einer ganz anderen Klientel bekannt, nämlich als Titel eines Kinderbuchs von Max Kruse aus der Reihe »*Der Löwe ist los*«. Die Augsburger Puppenkiste verschaffte der für Marionettentheater inszenierten TV-Fassung große Beliebtheit, und das nicht nur unter Minderjährigen.

»Stolz wie ein Pfau«

sehr eingebildet

Der wegen seines prachtvollen Gefieders und seines großartigen Fächerrades bewunderte und bisweilen in Parks und Tiergärten frei gehaltene Blaue Pfau stammt wie viele andere auffällig gefiederte Vögel ursprünglich aus einer anderen Weltgegend, in diesem Fall aus Indien. Schon vor 4000 Jahren wurden die ersten Pfauen in den Mittelmeerraum gebracht und erfreuten sich bei Griechen und Römern, aber auch im Europa des Mittelalters wegen ihres exotischen Äußeren großer Beliebtheit als Ziervögel. Der männliche Pfau wird sein auffälliges Rad sicher nicht aus Stolz schlagen, sondern es handelt sich hier um ein evolutionär entwickeltes Balzkleid. Es leuchtet aber ein, dass der Pfau in vielen Kulturen infolge seines oft affektiert scheinenden Verhaltens als Symbol von Schönheit, Königlichkeit und Stolz, aber auch von Arroganz und Eitelkeit gilt. Von persischen Dichtern ist bekannt, dass er für sie zwar Schönheit und Stolz symbolisierte, gleichzeitig aber auch Unvollkommenheit, denn dieser scheinbar perfekte Vogel hat hässliche Füße und kann nur schlecht fliegen.

»Wie die Ölsardinen«

dicht an dicht

Jeder kennt Fischkonservendosen. Vor allem Heringe werden in Soßen in allen möglichen Geschmacksrichtungen angeboten, Sardinen meist in Öl. In der geöffneten Dose bietet sich immer das gleiche Bild: Die Tiere liegen, natürlich schon vom Kopf und den Innereien befreit, dicht an dicht in der Dose. Dabei wird ausgenutzt, dass die Fische nicht gleichmäßig zylindrisch sind, sondern zum Schwanz hin schmaler werden. So lässt sich der Platz in der Dose optimal ausnutzen, indem die Fische je zur Hälfte gegenläufig gelegt werden. Die Sardine, deren Name übrigens nichts mit Sardinien zu tun hat, wird, wenn man sie lässt, bis zu 27 Zentimeter lang. Für ihre Verwendung als Ölsardine wird sie also schon sehr jung gefangen und in die Dose gepresst. Die Redewendung, die auch in der Variante »Hering« geläufig ist, nutzt die Enge in einer Konservendose zum Vergleich mit dicht stehenden Menschen, zum Beispiel in überfüllten Zügen, vor der Bühne von Popstars oder früher im Winterschlussverkauf.

»Vogel-Strauß-Politik« betreiben

bestimmte Tatsachen nicht zur Kenntnis nehmen

Einem bekannten deutschen Fußballspieler wird nachgesagt, dass er nach einem Spiel sagte: *»Wir dürfen jetzt nicht den Sand in den Kopf stecken!«* Das ist ihm sicherlich so rausgerutscht, gemeint hat er aber die dem Strauß nachgesagte Merkwürdigkeit, bei Gefahr den Kopf in den Sand zu stecken nach dem Motto: Was ich nicht sehe, gibt es nicht. Die Redewendung bedeutet also, dass man die Augen vor unangenehmen Realitäten verschließt oder bestimmte Tatsachen einfach ignoriert. Natürlich steckt der große afrikanische Laufvogel den Kopf nie in den Sand, denn seine Nahrung findet er oberirdisch. Der Aberglaube geht darauf zurück, dass der für einen so großen Vogel relativ kleine Kopf bei der Nahrungsaufnahme scheinbar verschwindet, wenn ihn eine Luftspiegelung am Boden unsichtbar macht. Die Redensart betont, dass es sich um den *Vogel* Strauß handelt und nicht um einen legendären bayerischen Politiker. Sie bezeichnet trotz des Missverständnisses Politik, die hinderliche Tatsachen aus strategischen Gründen nicht zur Kenntnis nimmt oder bagatellisiert.

»Wie von der Tarantel gestochen«

plötzlich heftig reagierend

Bei den bisweilen aus Bananenkisten krabbelnden Riesenspinnen handelt es sich nie um Taranteln, sondern meist um südamerikanische Riesenkrabbenspinnen. Die Tarantel dagegen ist eine vor allem in Apulien vorkommende Wolfsspinne, deren Name von der Stadt Tarent abgeleitet ist und deren Stich, genau genommen ein Biss, neben heftigen Schmerzen unwillkürliche Muskelkrämpfe auslöst. Das Gift machte man früher für die im späten Mittelalter geradezu epidemisch aufgetretene »Tanzwut« verantwortlich, der ganze Menschenmassen bis zur totalen Erschöpfung verfielen. Dies gilt mittlerweile als eher unwahrscheinlich, das Phänomen wird heute massenpsychologisch als Hysterie interpretiert. Der süditalienische Volkstanz Tarantella im 6/8-Takt, der in seiner Wildheit an die Tanzwut des Mittelalters erinnert, soll den krankhaften Muskelzuckungen nach dem Spinnenbiss nachempfunden und als abergläubisches Mittel gegen die Vergiftungserscheinungen eingesetzt worden sein.

Den »Tiger im Tank« haben

Esso-Benzin getankt haben

In Zeiten des erstarkenden ökologischen Bewusstseins mutet ein vom Aussterben bedrohtes Raubtier als Sympathieträger ausgerechnet für ein Mineralölunternehmen merkwürdig an. Mit dem Tiger, der Mitte der 60er-Jahre für Benzin warb, bediente sich Esso eines Synonyms für Stärke und Dynamik. Dem Tiger wird ja, im Unterschied zum majestätischen (und bequemen) Löwen, Kraft und Mobilität nachgesagt – immerhin ist das Revier eines ausgewachsenen Männchens bis zu 70 km² groß! Es verwundert etwas, dass hier ein Tiger die positive Figur ist, ist doch in Disneys fast zeitgleich erschienenem *»Dschungelbuch«* der ähnlich gezeichnete Shir Khan die Inkarnation des Bösen. Der namenlose Esso-Tiger tauchte in Deutschland erstmals 1965 auf, zusammen mit dem Slogan *»Pack den Tiger in den Tank!«*. Die Kampagne dauerte nur drei Jahre, aber die Erinnerung daran wird immer mal wieder aufgefrischt, wenn im Radio *»Jeans On«*, David Dundas' Hit von 1977 gespielt wird – Zitat: *»I got money in my pocket / got a tiger in my tank / and I'm king of the road again«*.

Der »Zebrastreifen«

ein Fußgängerüberweg

Der berühmteste Zebrastreifen der Welt liegt zweifellos in London, am südlichen Ende der Abbey Road, direkt vor den Studios, in denen die Beatles ihre Schallplatten einspielten. Im Bewusstsein, dass dies möglicherweise ihre letzte LP als Gruppe sein würde, diskutierten sie über den Titel des 1969er-Albums. Ein Vorschlag war *»Everest«*, mit einem entsprechenden Foto auf dem Cover. Wegen der Kosten – die Bandmitglieder sollten im Himalaya photographiert werden – und zunehmenden Meinungsverschiedenheiten innerhalb der Band wurde dann von dem Projekt Abstand genommen, man nannte das Album kurzerhand nach der Straße vor dem Studio und ging vors Haus, um für das Coverfoto auf dem dortigen Zebrastreifen zu posieren – sehr lässig und offensichtlich auf dem Weg weg vom Studio. Der nach dem Fellmuster des afrikanischen Herdentiers vom Volksmund so genannte Fußgängerüberweg wurde 1949 in Genf in einem Abkommen über den Straßenverkehr erstmals beschrieben; der erste echte Zebrastreifen wurde 1952 in München auf die Straße gemalt.

Kapitel 4

Kulturpflanzen

»Da haben wir den Salat!«

Von Kohldampf und sauren Gurken

»Für 'nen Appel und 'n Ei«

spottbillig

Redewendungen stammen ja oft aus einer Zeit, als bestimmte Lebensmittel noch billiger waren als heute, weil sie in Mengen zur Verfügung standen. Apfelbäume hatte fast jeder auf seinem Grundstück oder zumindest in seiner Nähe, und ein paar Hühner hielt selbst der ärmste Landarbeiter. Infolgedessen waren die Marktpreise für Äpfel und Eier niedrig. Der Apfel, der überraschenderweise zur Familie der Rosengewächse gehört, ist eine der ältesten Obstsorten, die in Mitteleuropa kultiviert wurden, er gilt als das deutsche Obst schlechthin. Daher verwundert es nicht, dass es weitere Apfel-Redewendungen gibt. ***In den sauren Apfel beißen*** muss schon seit Jahrhunderten jemand, der etwas Unangenehmes, aber Notwendiges tun muss, und ***Äpfel mit Birnen vergleichen*** Leute, die Dinge einander gleichsetzen, aber wichtige Unterschiede ignorieren. Nichts mit Äpfeln zu tun hat es hingegen, wenn man jemanden ***veräppelt***; das ist eine der vielen Übernahmen aus dem Jiddischen, denn »eppel« bedeutet so viel wie »nichts«. Wenn man also jemanden veräppelt, sagt man ihm nichts Wahres, man lügt.

»Dumm wie Bohnenstroh!«

intellektuell unterbelichtet

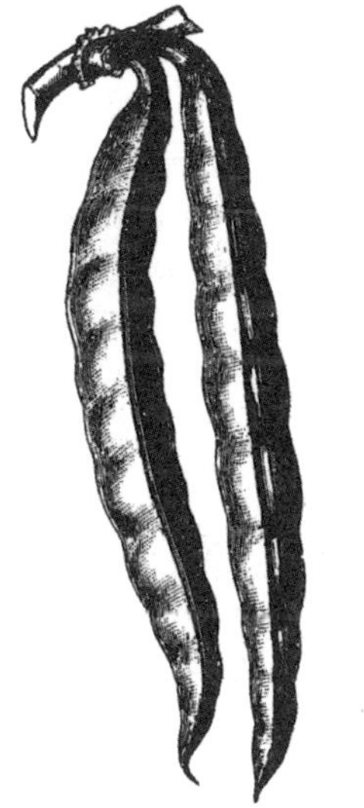

D***umm wie Bohnenstroh*** war man erst seit dem 19. Jahrhundert, vorher sagte man *Grob wie Bohnenstroh*, und das liegt daran, dass im Mittelalter arme Leute nicht wie wohlhabendere auf Strohsäcken, sondern auf einem Geflecht aus Saubohnenranken schliefen. Das Bohnenstroh als Metapher für Armut übertrug man auch auf den Inhalt des Kopfes, denn die soziale Unterschicht galt wegen der damals äußerst geringen Aufstiegschancen auch als dumm – so ein Mensch hatte also *Bohnenstroh im Kopf*. Andere Länder haben andere Redewendungen; ein bekanntes Album der britischen Rockgruppe Jethro Tull heißt »Thick as a Brick« – *Dumm wie ein Ziegelstein*. Zurück zur Bohne: Eine einzige davon ist nutzlos, denn sie gehört zu den Dingen, die nur in Mengen einen Wert haben, weswegen man auch etwas völlig Wertloses mit dem Urteil ***Nicht die Bohne!*** abqualifiziert.

Das ist ein »Erbsenzähler«

Der nimmt es sehr genau.

Die Erbsenpflanze wurde schon vor 8000 Jahren in Kleinasien domestiziert und ist wegen des hohen Gehalts ihrer Früchte an Proteinen und Stärke eine wichtige Kulturpflanze. Da Erbsen in getrocknetem Zustand gut aufzubewahren sind, kommen sie in dieser Form in verschiedenen Märchen und Sagen vor, aber auch in dieser schon seit dem 17. Jahrhundert populären Redewendung. Ursprünglich war mit dem ***Erbsenzähler*** allerdings ein Geizhals gemeint, zum Beispiel ein Dienstherr, der, wie die Brüder Grimm es nannten, seinen mit Naturalien entlohnten Leuten *»die Erbsen in den Topf zählt«*. Erbsen sollen auch bei verschiedenen Gelegenheiten benutzt worden sein, um die genaue Zahl der Teilnehmer, beispielsweise an den großen Wallfahrten nach Trier oder Köln, festzustellen. Dabei legte jeder Pilger eine Erbse aus einem Behälter in einen anderen, so dass schließlich die Erbsen im zweiten Behältnis gezählt werden konnten, was zu der heutigen Redensart geführt haben könnte, die einen pedantischen, kleinlichen Menschen bezeichnet.

Die »Sauregurkenzeit«

ereignisarme Phase

Gurken sind zwischen 10 und 60 cm lang und meist krumm, Gewürzgurken mehr, Salatgurken weniger. Möglicherweise hat sich das recht neue Verb ***Herumgurken*** mit der Bedeutung »nicht geradeaus arbeiten« aufgrund der krummen Form der Gurke gebildet, parallel zu ***Etwas vergurken*** für »etwas verderben«. Da ist die ***Gurkentruppe*** nicht weit, eine Gruppe von Versagern, die – meist auf dem Fußballplatz – aufgrund ihrer krummen Spielweise untergeht. Vor allem die Spreewald-Gurken gelten ja als Delikatesse, schon Theodor Fontane lobte ihren Geschmack, und mit dem Gruß *»Träum' süß von sauren Gurken«* werden nicht nur Kinder in den Schlaf geschickt. Die ***Sauregurkenzeit*** hat aber überhaupt nichts mit Gurken zu tun, sondern ihren Ursprung im Rotwelsch, lautete ursprünglich *»zóress- und jókresszeit«*, was eine Zeit der Leiden und der Teuerung meinte. Daher nannte man so eine Phase, in der die Geschäfte schlecht liefen. Später veränderte der Volksmund den Ausdruck in der heute noch für eine politisch ereignisarme Zeit, vor allem im urlaubslastigen Hochsommer, gebräuchlichen Form.

»Den sticht wohl der Hafer«

Jemand ist offenbar übermütig.

Diese schon seit dem 17. Jahrhundert bekannte Redewendung hat nichts damit zu tun, dass das Haferstroh oder die Körner, die länglich und etwas spitz sind, einen Menschen stechen könnten. Ursprünglich war es nämlich nicht der Mensch, sondern das Pferd, das vom Hafer gestochen wird. Dieses Stechen findet aber nicht etwa tatsächlich statt, sondern im übertragenen Sinn. Dem Hafer wird nämlich gern Übermut oder Nervosität von Pferden zugeschrieben – die ***sticht der Hafer***. Das Getreide wird Pferden ja – neben Heu – als Stallfutter gegeben, wegen seines relativ hohen Fettgehalts und des hohen Anteils an ungesättigten Fettsäuren. Dass Pferde dann manchmal hektisch werden und nervös reagieren, als ob sie innerlich von etwas gestochen würden, liegt also nicht an irgendwelchen obskuren Inhaltsstoffen. Vielmehr kommt es – wie so oft – allein auf die Dosierung des Futters an. Hafer enthält eben Energie, und zu viel davon lässt das Pferd übermütig werden, genau so, wie auch Menschen gelegentlich ***der Hafer sticht***, wenn sie ihre Energie nicht sinnvoll einsetzen können.

»Da ist Hopfen und Malz verloren«

Jede Mühe ist vergebens.

Wo wurde das erste Mal ein Reinheitsgesetz für die Bierherstellung formuliert – in Bayern, wie fast alle glauben, oder in Thüringen? Ein solches Gebot war irgendwann unumgänglich, denn früher war es üblich, das Problem der Haltbarkeit dadurch zu lösen, dass man beim Brauen Zusatzstoffe wie Harz beimischte. Dass das nicht unbedingt zur Bekömmlichkeit beitrug, leuchtet ein. In Bayern wurde daher 1516 ein landesweit gültiger Erlass über die Zutaten herausgegeben, die zum Bierbrauen verwendet werden durften: ausschließlich Hopfen, Wasser und Gerste. Aus dem thüringischen Weißensee ist eine Urkunde von immerhin 1434 überliefert, in der ebenfalls nur Wasser, Hopfen und Malz als Bestandteile vorgeschrieben werden; hier handelte es sich allerdings um eine lokal begrenzte Verordnung. Das Bierbrauen fand übrigens im Mittelalter auch zu Hause statt und gelang nicht immer, denn es ist nicht so einfach, wie es sich anhört. Dann musste das Ergebnis weggeschüttet werden, und die mühsam besorgten Ingredienzien Hopfen und Malz waren verloren.

»Fallen lassen wie eine heiße Kartoffel«

jemanden plötzlich nicht mehr kennen wollen

Wann lässt man eine heiße Kartoffel fallen? Untersuchen wir den Sachverhalt per Ausschlussprinzip. Normalerweise wird Deutschlands Lieblingsbeilage ja entweder gekocht oder gebraten. Bratkartoffeln fasst man nicht an, deshalb geraten sie auch nicht in Gefahr, fallen gelassen zu werden. Gekochte Kartoffeln werden auch nicht mit der Hand aus dem Kochwasser genommen. Nur die Pellkartoffel muss man zum Enthäuten anfassen. Da ist es leicht möglich, dass die noch kochendheiße Kartoffel einfach nicht zu halten ist, ohne dass man sich die Finger verbrennt. Auch wenn der Begriff ***fallen lassen*** im Sinne von »aufgeben« sich schon in Quellen aus dem Jahr 1500 findet, ist die Redewendung mit der heißen Kartoffel erst seit dem 19. Jahrhundert im Gebrauch, und zwar – »drop like a hot potato« – aus dem Englischen entlehnt. Kleiner Tipp: Es gibt spezielle dreizinkige kleine Pellkartoffelgäbelchen, die es überflüssig machen, die heiße Knolle mit den Fingern zu fixieren.

»Mit jemandem ist nicht gut Kirschen essen«

Jemand ist sehr unfreundlich.

Am 16. August 1291 wurde der Markgraf von Meißen auf Schloss Hirschstein an der Elbe vom offenbar wenig frommen Bischof von Meißen, einem Konkurrenten im Machtgefüge der Region, umgebracht. Was diese Untat mit Redewendungen zu tun hat? Ganz einfach: Sie geschah nachweislich mit vergifteten Kirschen. Es gibt nicht wenige Forscher, die den historischen Kirschenmord von Meißen für den Ausgangspunkt der bis heute gebräuchlichen Redewendung halten, denn vor allem Süßkirschen wurden in Kloster- und Schlossgärten angebaut und waren, in Ermangelung anderer Süßigkeiten, ein begehrtes Naschwerk. Ganz genau kann man aber wohl den Ursprung dieser Redewendung nicht mehr rekonstruieren. Es sind nämlich auch Sprüche aus dem 14. Jahrhundert überliefert, die davor warnen, mit »hohen Herren« Kirschen zu essen, denn die würfen einem danach die Stiele in die Augen oder spuckten ihrem Gegenüber die Kerne ins Gesicht. Es muss also wohl damals Obrigkeiten gegeben haben, die kein Hehl daraus machten, dass ihnen Grundregeln des Anstands nichts bedeuteten ...

»Über den grünen Klee loben«

übertrieben hervorheben

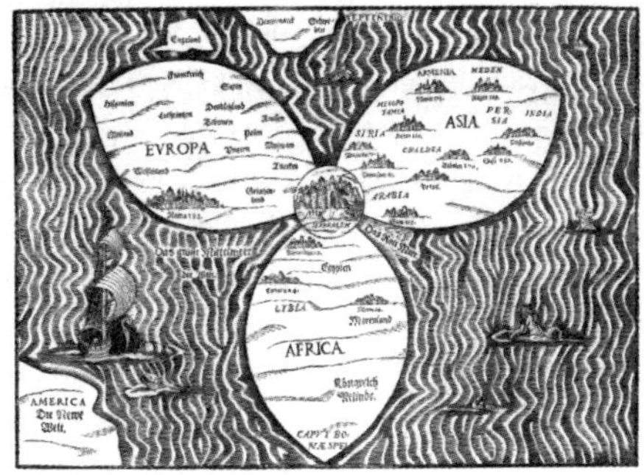

Das vierblättrige Kleeblatt kennt jeder als Glücksbringer. Aber »normaler« Klee ist heute nur noch eine beliebte Futterpflanze. Im Mittelalter aber hatte der Klee noch ein wirklich herausgehobenes Ansehen. Der Minnesänger Walther von der Vogelweide pries das Dichten als »Singen von dem grünen Klee«, und das dreiblättrige Kleeblatt symbolisierte die Kontinente und im christlichen Kontext sogar die Dreifaltigkeit. Später im Volkslied standen »Klee« und »Schnee« als sich reimende Symbole für die warme und die kalte Jahreszeit. Da der Schmetterlingsblütler auf fast jeder Wiese vorkommt, fanden Menschen späterer Zeit die Klee-Lobpreisungen der Minnesänger, deren hehre Motive sie nicht mehr nachvollziehen konnten, übertrieben. So bedienten sie sich des Klee-Vergleichs, wenn sie sich über etwas lustig machen wollten. ***Etwas über den grünen Klee loben*** bedeutet demnach heute, dass man etwas übertrieben preist, mehr als die alten Dichter den Klee.

»Das macht den Kohl nicht fett«

Das ist nicht entscheidend, dadurch erreicht man keine Verbesserung.

Eine norddeutsche Spezialität ist Grünkohl mit Pinkel. Traditionell wird dem Grünkohl immer Schmalz oder fettes Fleisch beigegeben, um den Geschmack abzurunden. Dazu dient die Pinkel, eine grobkörnige Grützwurst, die man, von der Pelle befreit, unter den heißen Kohl mischt. Kohl, natürlich ohne Fleisch, war früher ein Arme-Leute-Gericht, das auch durch Zugabe anderer Zutaten nicht fett wurde und daher auch nicht besonders schmeckte. Der in der Redensart ***Kohldampf schieben*** enthaltene Kohl ist weder Weiß- noch Rotkohl, sondern gar kein Gemüse. Der Ausdruck kommt vielmehr aus dem Rotwelschen. Der erste Teil ist aus zwei Wörtern, »Koll« und »Dampf«, zusammengesetzt, die beide dasselbe bedeuten, nämlich »Hunger«. Hunger »schiebt« man aber in der Regel nicht, vielmehr hat sich auch »schieben« aus einem anderen rotwelschen Verb, nämlich »scheffen«, entwickelt, das so viel heißt wie »sich aufhalten«, wie man es auch vom »Wache schieben« kennt. Etwas kompliziert, aber Sprachwurzeln sind oft verzweigt.

»Dagegen ist kein Kraut gewachsen!«

Dagegen kann man nichts tun!

Kraut ist vor allem populär als Unkraut, wobei das natürlich ein diskriminierender Begriff ist, denn genau genommen gibt es ja kein »Un«-Kraut, denn alle Kräuter sind Kraut. Selbst von pedantischen Kleingärtnern als Unkraut verfolgte Pflanzen wie der Breit- und der Spitzwegerich sind Heilkräuter und fördern, richtig angewendet, die Wundheilung. Die vorliegende Redewendung geht davon aus, dass Kräuter zur Heilung oder Linderung aller möglicher Beschwerden geeignet sind, aber in bestimmten Fällen leider versagen müssen. Wie ***Kraut und Rüben*** sieht es aus, wenn irgendwo ein heilloses Durcheinander herrscht – wie in der Küche, wo beim Eintopf manchmal Kraut und Rüben in einem Topf zusammen zubereitet und durcheinander gemischt werden. Wenn Gerüchte ***wild ins Kraut schießen***, verbreiten sie sich schnell; wenn Pflanzen das tun, muss der Gärtner sie von ihrem Wildwuchs, den so genannten Geiltrieben, befreien. Die verhindern nämlich, dass die Kraft der Pflanze in die Blüten und danach in die Früchte fließt.

»Das hat ihm die Petersilie verhagelt«

Das hat seine Pläne durchkreuzt.

Der im Zusammenhang mit Redewendungen schon des Öfteren als Urheber erkannte Volksmund hat diesmal wieder zugeschlagen, indem er ein klimatisches Ereignis, mit dem nicht zu spaßen ist, mit einer Pflanze zusammenbringt, die nicht unbedingt als lebensnotwendig bekannt ist. Hagelschlag richtet, vor allem in der Erntezeit, bisweilen große Schäden in der Landwirtschaft an. Besonders Obst kann davon betroffen sein, aber auch Feldfrüchte und Getreide können vernichtet werden, so dass solche Ereignisse sogar dramatische Auswirkungen auf die Ernährung der Bevölkerung haben können. Petersilie wird in verschiedenen europäischen Landesküchen gern als Gewürzzutat verwendet und ist natürlich ein wichtiger Bestandteil der Frankfurter Grünen Soße, das vitaminreiche Küchenkraut ist aber für das Überleben der Menschheit von untergeordneter Bedeutung. Die Redensart nimmt also, indem sie ein Gewürzkraut von einem Unwetter vernichten lässt, einen Misserfolg auf die ironische Schulter, ähnlich wie in der Variante »Es hat ihm die Suppe versalzen«.

»Wie Pilze aus dem Boden schießen«

sich schlagartig vermehren, schnell wachsen

Pilze sind Lebewesen, die, neben den Tieren und den Pflanzen, den dritten Bereich der belebten Natur ausmachen. Sie sind zwar wie Pflanzen an einen Ort gebunden, können aber keine Photosynthese betreiben, weswegen sie – wie Tiere – von organischen Substanzen leben. Pilze sind also näher mit der Fauna verwandt als mit der Flora. Für die Redewendung von den »schießenden Pilzen« ist deren Fruchtkörper verantwortlich, der bei feuchtwarmem Wetter sehr schnell aus der Erde heraus wachsen kann. Das hat der Volksmund auf verschiedene, scheinbar überraschend schnell entstehende Objekte übertragen, zum Beispiel Handyläden in der Fußgängerzone. Auch Beat-Gruppen in den 60er-Jahren schossen wie Pilze aus dem Boden, deren bekannteste den ***Pilzkopf*** als Frisur etablierte. Der ***Glückspilz*** war früher eher zweifelhaft bewertet, denn dieser Begriff meinte vor 200 Jahren einen Emporkömmling, der gleichsam wie ein aus dem Boden gewachsener Pilz auf der Bildfläche erschienen war. Später änderte sich der Sinn zur heutigen positiven Bedeutung.

»Die Radieschen von unten betrachten«

gestorben sein

Der Volksmund geht manchmal mit ernsten Sachverhalten pietätlos um. Auch den Tod hat man immer schon mit originellen Redensarten wie *»den Löffel abgeben«*, *»über den Jordan gehen«* oder *»ins Gras beißen«* umschrieben. Besonders salopp kommt die Redensart von den Radieschen daher, die man im Grab von unten betrachte. Übrigens ist diese kleine Rettichart erst im 16. Jahrhundert aus Frankreich nach Deutschland gekommen und hat gar keinen deutschen Namen; die Bezeichnung leitet sich von lateinisch »radix« ab und heißt nichts anderes als »Würzelchen«. Die Redewendung könnte demnächst Aktualität bekommen, wenn Radieschen eine Rolle spielen bei einer neuen Idee. Da Grabparzellen häufig als Beet kultiviert werden und der gärtnerischen Gestaltung nur durch die Friedhofsordnung und die Pflegebereitschaft der Hinterbliebenen Grenzen gesetzt sind – warum das Grab nicht mit Nutzpflanzen wie Petersilie, Erdbeeren oder eben Radieschen bepflanzen? Allerdings wären oberirdisch abzuerntende Pflanzen möglicherweise geschmackvollere Kandidaten …

»Laberrhabarber …«

ausschweifende und uninteressante Äußerung

Dieser noch junge Ausdruck, der uninteressante und zu ausführliche Meinungsäußerungen charakterisieren soll, ist aus der Lust heraus entstanden, sinnfreie, aber gut klingende Wortkreationen zu schaffen. Dabei wird das umgangssprachliche Verb »labern« wegen des Gleichklangs mit dem Namen der Gemüsepflanze Rhabarber verbunden. Die beiden haben natürlich gar nichts miteinander zu tun, denn Rhabarber stammt vom mittellateinischen Wort »***rheu barbarum***« ab, was »fremdländische Wurzel« bedeutet. Fremdländischer geht es kaum, denn der Rhabarber stammt ursprünglich aus dem Himalaya. Der Wortteil »-barber« erinnert an »Barbar« und den Frauennamen Barbara – zutreffend, denn die »Barbaren« reden eine fremde Sprache, und die »Barbara« ist im Wortsinn eine Fremde. »Labern« kann man schon mindestens seit dem 18. Jahrhundert, als es allerdings noch das Vor-sich-hin-Brabbeln eines Besoffenen meinte. Genug der Laberei: ***Laberrhabarber*** ist ein vermutlich nur kurzlebiges Modewort und wird wohl keine große Karriere als Redensart machen.

»Nicht auf Rosen gebettet«

zu sparsamem Lebenswandel verpflichtet

In der Antike spielte die Rose, genauer ihre Blütenblätter, eine Rolle bei Gastmählern der römischen Kaiser, die dabei tatsächlich auf Rosen lagerten. Die daraus entwickelte Redewendung bezieht sich heute in der Regel auf die finanzielle Situation des Betreffenden, wobei fast ausschließlich die negative Variante im Gebrauch ist. Etwas Negatives meint auch der Ausdruck ***Einen Rosenkrieg führen***, also sich in einem heftigen Scheidungskonflikt befinden. Eine tragikomische Trennungskonfrontation war Inhalt des 1989 gedrehten Kinofilms um ein Ehepaar, dessen Scheidungskrieg nach dem Motto »wie du mir, so ich dir« immer weiter eskaliert. Der Titel »*Der Rosenkrieg*« (»*The War of the Roses*«) hat aber gar nichts mit Rosen zu tun, sondern leitet sich vom Familiennamen des Paares ab, lässt aber die in der angloamerikanischen Welt bekannten »Rosenkriege«, englisch »the Wars of the Roses«, anklingen, die im 15. Jahrhundert in England zwischen zwei um die Königskrone rivalisierenden Familien wüteten, die zufällig ähnliche Wappen hatten – die York eine weiße, die Lancaster eine rote Rose.

»Da haben wir den Salat!«

Jetzt ist das Missgeschick passiert.

Um dieser Redewendung näher zu kommen, müssen wir zunächst unterscheiden zwischen der Pflanze und der Kaltspeise. Das Wort »Salat« stammt vom lateinischen »sallita« ab und bedeutet ursprünglich »gesalzen«. Salate sind also eigentlich mit Salz haltbar gemachte Speisen, während Salatpflanzen Blattgewächse sind, die man zur Zubereitung eines klassischen grünen Salats verwenden kann. Kann, nicht muss, denn heutige Salatkreationen funktionieren auch ohne Blattsalat. Denn es gibt kaum etwas, das nicht in einem Salat Verwendung finden könnte, auch süße oder fruchtige Anteile, sogar Nudeln, Fleisch- oder Fischeinlagen. Aber allen Salaten ist gemeinsam, dass sie – um es auf den Punkt zu bringen – aus einem Durcheinander von Zutaten bestehen. Und damit sind wir bei dem Charakteristikum, das zur Bildung dieser Redensart geführt hat: Der Salat als Synonym von Unordnung, denn ein guter Salat besticht durch seine gekonnte Mischung der Bestandteile. Das Durcheinander, das in einer richtigen Salatschüssel herrscht, hat auch wenig appetitlichen Varianten wie ***Bandsalat*** oder ***Kabelsalat*** ihren Namen gegeben.

»Seinen Senf dazugeben«

einen ungebetenen Kommentar abgeben

Im Mittelalter kannte man keine exotischen Gewürze. Das Land, aus dem Pfeffer, Muskat, Zimt und andere exotische Gewürze importiert werden mussten, war Indien, das für damalige Verhältnisse unvorstellbar weit entfernt war. Exotische Gewürze waren vor allem wegen der langen Transportwege infolgedessen sehr teuer und deshalb den Reichen vorbehalten. Die normale Bevölkerung würzte mit heimischen Pflanzen aus dem eigenen Garten wie Knoblauch, Dill, Fenchel, Liebstöckel, Ingwer und Kümmel; außerdem gewann man aus vielen Grundstoffen Essig. Auch die Körner des Weißen, Braunen oder Schwarzen Senfs waren beliebte Geschmacksverbesserer. Weil Senfbrühe wie Ketchup über alle möglichen Speisen gegeben wurde, sagt man heute noch, dass jemand ***seinen Senf dazugibt***, wenn er sich in etwas einmischt.

»Die Spreu vom Weizen trennen«

Gutes von Schlechtem separieren

In Zeiten der modernen Nahrungsmittelindustrie läuft alles vollautomatisch. Aber als es noch keine Mähdrescher gab, mussten die Ähren mit der Sense geschnitten und mit Dreschflegeln ausgedroschen werden. Das Ergebnis war eine noch unbrauchbare Mischung von Körnern und Spelzen, Hülsen und Grannen. Also musste diese wertlose Spreu vom Korn getrennt werden, wozu man sich den Umstand zunutze machte, dass die Körner schwerer sind als der Rest. Wenn man an einer windigen Stelle mit einer Schaufel alles in die Höhe warf, wurde die leichtere Spreu vom Wind beiseite geweht und die schweren Körner fielen herab. Die Verwendung dieses Vorgangs für eine Redewendung ist für das 18. Jahrhundert nachgewiesen; vermutlich geht sie auf eine Stelle im Neuen Testament zurück. In der Lutherübersetzung sagt Johannes der Täufer über das Wirken des Messias: ***»Er hat seine Wurfschaufel in der Hand; er wird seine Tenne fegen und seinen Weizen in die Scheune sammeln; aber die Spreu wird er verbrennen mit unauslöschlichem Feuer«***.

»Es gibt leider einen Wermutstropfen«

etwas Negatives in einem an sich positiven Zusammenhang

Manche Zeitgenossen verwechseln Wermut mit Wehmut und sprechen daher fälschlicherweise vom »Wehmutstropfen«, der Melancholie oder Trauer auslöse. Man wird aber gar nicht wehmütig, wenn man ein Getränk namens Wermut genießt. Seinen Namen verdankt es dem Wermutkraut, das einen hohen Anteil an Bitterstoffen hat. Extrakte dieser Pflanze werden zur Herstellung dieses aromatisierten und durch Zugabe von Alkohol stärker gemachten Weins verwendet. Der war relativ preiswert und wurde daher gern von Stadtstreichern getrunken, die daraufhin mit dem Spottnamen ***Wermutbruder*** belegt wurden. Zurück zur Redensart: Wenn man einem süßen Getränk ein paar Tropfen leicht bitteren Wermut zufügt, gibt ihm das eine spezielle geschmackliche Note. Die Redewendung vom ***Wermutstropfen*** meint also etwas, das in einen positiven Zusammenhang eine Spur von Bitterkeit hineinbringt.

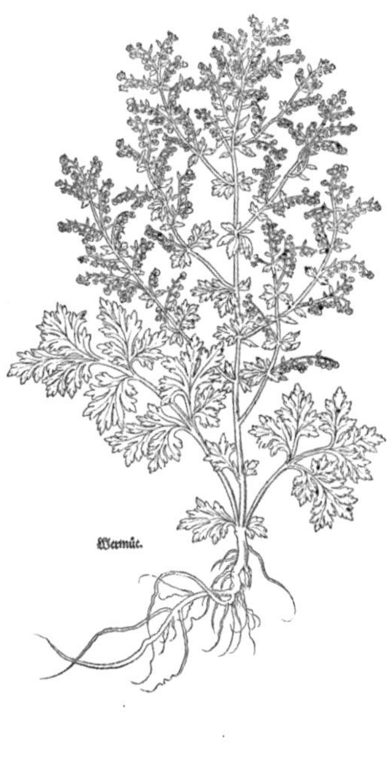

Kapitel 5

Heimische Wildpflanzen

»Ohne Moos nichts los«

Von zitternden Espen und schießenden Pilzen

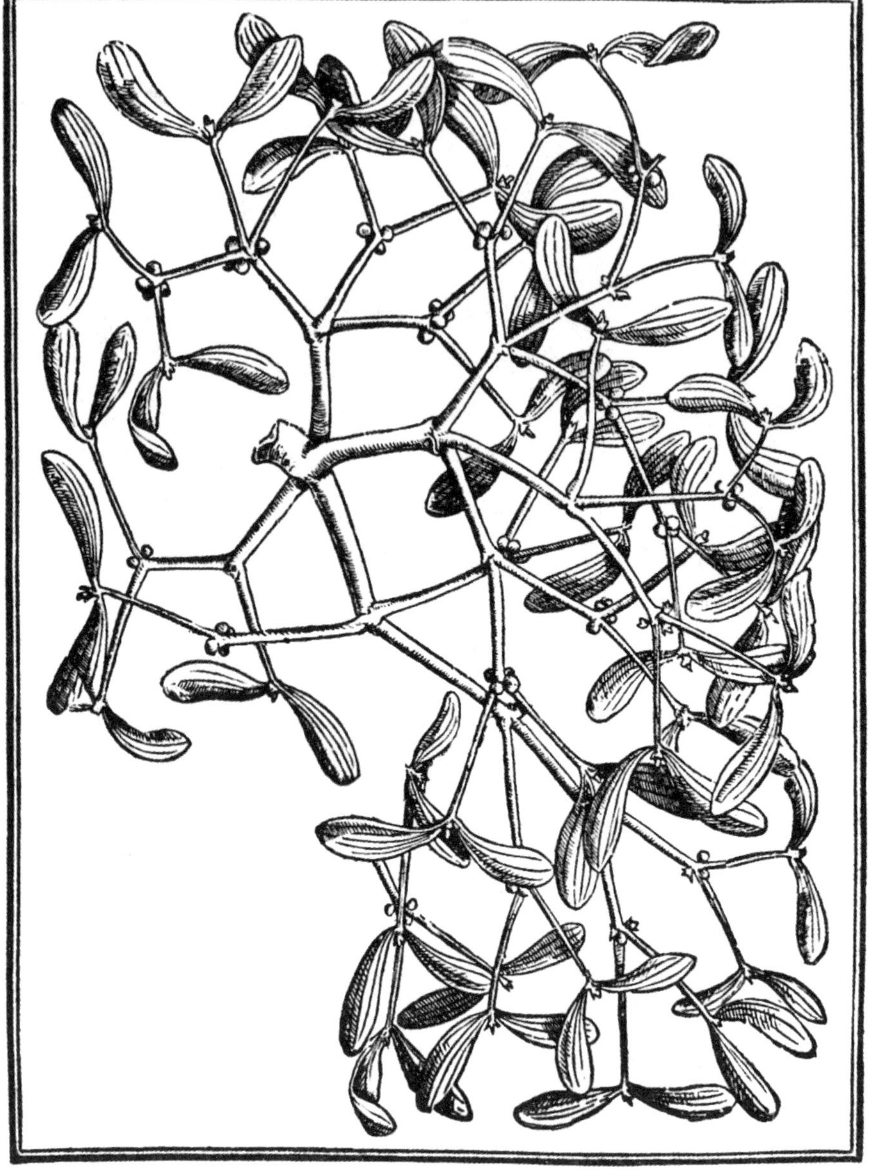

»Das ist eine Binsenweisheit«

Das weiß sogar der Dümmste.

Diese Redewendung lässt mehrere Deutungen zu. Eine bezieht sich auf die altrömische Redensart *»nodum in scirpo quaerere«*, also *»den Knoten an der Binse suchen«*. Binsen haben aber keine Knoten, die wie bei anderen Gräsern den Halm unterteilen würden. Da das jeder wusste, handelte es sich um eine Binsenweisheit. Eine andere, kompliziertere Erklärung geht auf eine Sage um König Midas, berühmt wegen seiner Probleme mit Gold, zurück. Ihm sollen als Folge seiner Einmischung in einen Streit zwischen Göttern Eselsohren gewachsen sein. Sein Friseur, der das nicht für sich behalten konnte, flüsterte das pikante Geheimnis in ein Erdloch, wo dann Binsen wuchsen, die sich das Geheimnis zuflüsterten, so dass bald alle Binsen die Wahrheit kannten – sie war zur ***Binsenweisheit*** geworden. Die Redensart ***In die Binsen gehen***, also missglücken, hat damit nichts zu tun, sondern kommt aus der Jägersprache. Da manchmal auch andere, an Gewässern wachsende Pflanzen umgangssprachlich als Binsen bezeichnet werden, ist damit gemeint, dass Jagdwild, das sich ins Schilf flüchtete, verloren war, weil der Jagdhund in die »Binsen« nicht folgen konnte.

»Zittern wie Espenlaub«

vor Kälte oder Angst schaudern

Der Alternativname der Espe lautet Zitterpappel, und der erklärt auch schon, woher die Redewendung kommt. Die rundlichen Blätter dieser Pappel haben einen relativ langen Stiel, der außerdem auch noch abgeplattet ist. Dadurch gerät das Laub beim geringsten Luftzug in Bewegung und es sieht aus, als ob der Baum zittere. Das ist schon den Menschen im Mittelalter ausgefallen, aus dem es literarische Quellen gibt, die dieses Zittern mit dem menschlichen vergleichen. Die Volksetymologie hat damals versucht, sich dieses eigentümliche Zittern zu erklären, und verschiedene Legenden entwickelt, darunter die, dass das Holz zum Kreuz Christi Espenholz gewesen sei und die Espe seitdem vor Scham zittere. Für uns heute viel entscheidender ist, dass die Espe eine der wichtigsten Futterpflanzen für die Raupen vieler bei uns heimischer Schmetterlinge wie dem Großen Eisvogel, dem Großen Fuchs und dem Kleinen Schillerfalter ist und daher dringend geschützt werden muss.

»Da wächst kein Gras mehr«

Hier herrscht totale Zerstörung.

Hier ist von echtem Gras die Rede, nicht von dem Produkt der Cannabispflanze, das junge Leute manchmal rauchen und mit diesem Decknamen bezeichnen. Auch soll »Gras« als Oberbegriff für die über 20.000 Pflanzenarten stehen, die sowohl Weiden als auch Parks, sowohl Ziergärten als auch Fußballplätzen die schöne grüne Farbe geben. Gras ist die alltäglichste Pflanze, was auch darauf zurückzuführen ist, dass es normalerweise immer wieder nachwächst, selbst wenn man es mit einem Mähroboter bekämpft. Deswegen hat sich auch die Metapher für eine totale Zerstörung gebildet: ***Da wächst kein Gras mehr***. Dieses Immer-wieder-Nachwachsen steht auch schon im Namen, denn das Substantiv »Gras« geht wahrscheinlich auf ein altes indoeuropäisches Verb zurück, das »wachsen« bedeutet. Gras ist also das, was ständig wächst! Der Name der typischen Grasfarbe lässt sich übrigens etymologisch ebenfalls auf diesen Wortstamm zurückführen – was wäre auch grüner als eben Gras!

»Gras über etwas wachsen lassen«

etwas in Vergessenheit geraten lassen

Kein Wunder, dass eine ganze Reihe von Redensarten mit dem grünen Allerweltskraut zusammenhängen. Wenn ***Gras über etwas wachsen*** soll, möchte man etwas vor den Augen der Öffentlichkeit verbergen. Das sollte mit Gras rasch funktionieren, das sich so geschwind und dicht vermehrt. Allerdings sei an dieser Stelle an Wilhelm Busch erinnert, der erkannte: »*Wenn über eine dumme Sache / endlich Gras gewachsen ist / kommt sicher ein Kamel gelaufen / das alles wieder runter frisst.*« Auch wenn das grüne Zeug zügig wächst, wovon Rasenmäher ein Lied singen können, geschieht das so gut wie lautlos, sodass derjenige, der ***das Gras wachsen hört***, weniger ein konkretes Wissen, sondern vielmehr eine Ahnung hat, die, wenn er sie laut ausspricht, bei anderen eher skeptisches Kopfschütteln auslöst. Auch am Ende des Lebens kann es passieren, dass die grüne Pflanze eine Rolle spielt, denn die Tatsache, dass auf dem Schlachtfeld Liegende manchmal vor Schmerzen ***ins Gras bissen***, führte in der Soldatensprache zu dieser etwas pietätlosen Umschreibung des Sterbens.

»Die Kastanien aus dem Feuer holen«

eine unangenehme Aufgabe übernehmen

Der französische Schriftsteller La Fontaine erzählte im 17. Jahrhundert eine Fabel des griechischen Dichters Aesop neu, in der eine Katze von einem Affen überredet wird, ihm auf glühenden Kohlen röstende Kastanien zu holen. Gemeint sind Früchte der Edelkastanie, auch Marone genannt, die man nicht mit der verbreiteten Rosskastanie verwechseln darf, mit der sie nicht verwandt ist; deren Früchte sind daher auch nicht essbar. Dagegen war die Esskastanie bis ins späte 19. Jahrhundert in den Bergregionen Südeuropas das wichtigste Nahrungsmittel der Landbevölkerung, da sie in der kargen Landschaft einfacher anzubauen war als Getreide. Ihr Geschmack lässt nachvollziehen, weshalb die Tiere in der Fabel so erpicht sind auf die Maronen. In La Fontaines Version nutzt der Affe die Eitelkeit der Katze, die stolz auf ihre Geschicklichkeit ist, dazu, ihr den gefährlichen Auftrag zu übertragen, sich freiwillig in Gefahr zu begeben. Daraus ist diese Redewendung von der ausgenutzten Hilfsbereitschaft entstanden.

»Anhänglich wie eine Klette«

nicht abzuschütteln

Die charakteristische Eigenschaft der Klette fiel 1950 dem Schweizer Ingenieur Georges de Mestral auf, der immer wieder seine Hunde von Klettensamen befreien musste. Kletten haben ja eine pfiffige Methode entwickelt, ihren Samen möglichst weit zu streuen. Ihre Früchte sind außen mit winzigen elastischen Häkchen versehen, die sich an Haaren festhaken. Auch bei mechanischer Belastung, beispielsweise wenn die Samenkapsel vom Untergrund abgerissen wird, brechen die Haken nicht ab. So können die Samen, von Tieren davongetragen, weit entfernt abgestreift werden und dort Wurzeln schlagen. Mestral übertrug diese Möglichkeit, zwei Materialien reversibel zu verbinden, auf Textilien und entwickelte den mittlerweile weltweit verbreiteten ***Klettverschluss***. Da die Kletten auch nicht zwischen Tier und Mensch unterscheiden und gern im Haar oder an der Kleidung anhaften, hat diese oft lästige Eigenschaft zu der Redewendung geführt, mit der Menschen charakterisiert werden, die aufdringlich in jemandes Gesellschaft bleiben und nicht abzuschütteln sind.

»Das ist kein Pappenstiel«

Das ist keine Kleinigkeit.

Diese Redensart hört sich erst mal gar nicht nach einem Tier oder einer Pflanze an, sondern nach einem Papierprodukt. Wenn man aber etwas recherchiert, kommt man auf eine sehr verbreitete, allerdings wenig geachtete Pflanze, die hauptsächlich als Karnickelfutter bekannt ist: den Löwenzahn. Der schöne Name ist den gezackten Blättern zu verdanken, die von der Seite aussehen wie ein Raubtiergebiss. Der Löwenzahn entwickelt ja in der Fruchtphase eine schöne, runde Federkrone, die dazu dient, den Wind die einzelnen Samen mit ihren kleinen Fallschirmen davontragen zu lassen – fertig ist die bei Kindern beliebte »Pusteblume«. Die Federkrone wird botanisch ***»pappus«*** genannt, was, zusammen mit dem recht auffälligen hohlen Stengel, zu der Redewendung geführt haben kann. Der Pappenstiel ist also ein minderwertiger Gegenstand, mit dem verglichen andere Dinge natürlich wertvoller sind.

Sie ist ein »Mauerblümchen«

eine unscheinbare, nur wenig beachtete Person

Wer hätte gedacht, dass das echte Mauerblümchen einen lateinischen Namen hat? Die auch als Mauer-Zimbelkraut bekannte Pflanze heißt auf Botanisch Cymbalaria muralis. Im Unterschied zum menschlichen ***Mauerblümchen*** ist das gar nicht hässliche kleine Gewächs durchaus durchsetzungsfähig. Das menschliche Pendant hat seine Bezeichnung wohl eher einer Pflanze zu verdanken, die aufgrund ihres Standortes an einer Mauer nicht genug Nährstoffe findet und vor sich hin kümmert. Damit verglich der Volksmund junge, eher unscheinbare Mädchen, die bei Tanzveranstaltungen mangels auffälliger Attribute von jungen Burschen gern übersehen wurden und sitzen blieben – an der Wand, wie eine unscheinbare Blume an der Mauer. Die Bezeichnung findet sich auch im Englischen; einer von Bob Dylans Songs von 1971 heißt *»Wallflower«*. Eine Herleitung von einer angeblich im Mittelalter herrschenden Sitte, nach der die Damen auf Mauervorsprüngen auf die Aufforderung zum Tanz gewartet hätten, woraufhin die nicht verschmähten diese Bezeichnung erhielten, ist wohl nicht zu halten.

»Ohne Moos nichts los!«

Ohne Geld kann man sich nichts leisten.

Bargeld hat ja bekanntlich unzählige Spitznamen: neben Knete, Kohle, Pinke, Zaster, Piepen auch welche aus der Natur: Moos, Mäuse, Kröten. Dass es so viele »Umschreibungen« für Geld gibt, hat auch etwas damit zu tun, dass Gauner, wenn sie sich unterhielten, Decknamen für ihre Beute benutzten, um die Obrigkeit nicht aufmerksam zu machen. Aber auch andere Sprachen haben Spuren in unserer Alltagssprache hinterlassen. So haben sowohl »Moos« als auch »Mäuse«, auch heute oft benutzte Bezeichnungen für Bargeld, nichts mit den gleichnamigen Pflanzen oder Tieren zu tun, sondern stammen aus dem Jiddischen, und zwar aus derselben Quelle. Das Ursprungswort, das »Münze« bedeutet, wurde wie »ma-os« ausgesprochen; daraus haben sich die Wörter »Moos« und »Mäuse« entwickelt. Auch ***die paar Kröten*** haben nichts mit den bekannten Froschlurchen zu tun, sondern leiten sich vom niederdeutschen Wort »Groten« für Groschen ab.

»Sich in die Nesseln setzen«

sich in eine unangenehme Lage bringen, Anstoß erregen

Sich in Nesseln zu setzen, kann durchaus angenehm sein, denn schon in der Antike wurden Textilien aus Brennnesseln hergestellt, und um 1900 galt Nessel als das »Leinen der armen Leute«. Im Rahmen der Suche nach nachwachsenden Rohstoffen könnte es also durchaus eine Nessel-Renaissance geben. Die Redewendung bezieht sich aber eindeutig auf den Aspekt der Pflanze, der im Namen Brennnessel seinen Ausdruck findet. Jeder, der schon mal eine Brennnessel berührt hat, weiß, warum sie ihren Namen zu Recht hat – kein Wunder, dass diese Redewendung schon seit Mitte des 19. Jahrhunderts populär ist. Die bekannten Brennhaare auf der Blattoberseite, kleine spröde Röhrchen, die mit ameisensäurehaltiger Flüssigkeit gefüllt sind und leicht brechen, wirken als Schutzmechanismus gegen Fressfeinde. Erstaunlich, dass trotzdem Raupen von Tagpfauenauge, Admiral und anderen Schmetterlingen von Brennnesselblättern leben. Kleiner Tipp für die, die sich in Nesseln gesetzt haben: Der Schmerz verschwindet, wenn man die brennenden Stellen mit Sauerampfer einreibt!

»Eine harte Nuss zu knacken haben«

eine schwierige Aufgabe bewältigen müssen

Nüsse haben keineswegs immer eine harte Schale. Zu den Nüssen im botanischen Sinne gehören nämlich auch Erdnüsse, Edelkastanien und sogar Bucheckern und Eicheln. Aber hier ist ja von einer Nuss mit harter Schale die Rede, also wohl von einer Haselnuss oder einer Walnuss. Die Haselnuss war schon vor Jahrtausenden ein wichtiges Nahrungsmittel, weil sie einen hohen Fettgehalt hat. Daher ist es nicht verwunderlich, dass ihre harte Schale, so wie auch die der Walnuss, sich schon vor langer Zeit dazu anbot, mit ihr Sprichwörter und Redensarten zu bilden, die zu überwindenden Aufwand umschrieben. Im 16. Jahrhundert sagte man schon *»Wer kosten will die süsse Nuss, die harte Schal' erst knacken muss«*. Pech hatte derjenige, der eine ***taube Nuss*** erwischte, also eine Nuss ohne Inhalt. Dieses Schimpfwort wurde dann auch auf Menschen mit einem eher inhaltslosen Kopf übertragen, die auch als ***dumme Nuss*** belächelt werden. Im botanischen Sinne keine Nüsse sind übrigens Cashewnüsse, Kokosnüsse und Pistazien.

»Keinen Pfifferling wert«

sehr minderwertig

Im Mittelalter prägten viele kleine Fürstentümer eigenes Geld; da gab es Heller, Pfennig, Taler, Groschen, Kreuzer, Gulden und diverse andere Münzen, die teilweise auch Spuren in unseren Redewendungen hinterlassen haben. Wenn man zum Beispiel etwas *auf Heller und Pfennig* bezahlt, will man nicht die geringste Summe schuldig bleiben. Wenn nun jemand ***keinen Pfifferling wert*** ist, also ein nichtsnutziger Mensch, wird er dann auch mit einer, möglicherweise in Vergessenheit geratenen, Kleinmünze verglichen? Weil die Redewendung schon sehr alt ist, gibt es keine sicher nachprüfbare Erklärung. Neuere Deutungen, sie könnte tatsächlich auf das im süddeutschen Dialekt »Fünferle« bzw. »Pfifferle« genannte Fünf-Pfennig-Stück zurückgehen, sind nicht stichhaltig, weil schon im späten Mittelalter der geringe Wert einer Sache am Preis des bekannten Speisepilzes gemessen wurde. Der Echte Pfifferling, eine beliebte, aber heute eher teure Delikatesse, wuchs früher überall so reichlich, dass es sich möglicherweise nicht lohnte, ihn auf dem Markt anzubieten.

»Eingehen wie eine Primel«

verkümmern

Die Primel ist eine in 500 Arten auf der gesamten Nordhalbkugel verbreitete Pflanzengattung, die ihren Namen »primula« von der frühen Blütezeit hat (lat. prima = die erste). Das kann man an der Schlüsselblume gut erkennen, die zu den Primeln gehört und in Deutschland ab April blüht, in südlicheren Ländern sogar schon ab Februar. Die Primel ist eine ausgesprochene Freilandpflanze, die als beliebtes Beet- und Balkongewächs in verschiedenen Farben kultiviert wird. Es gibt auch – und hier nähern wir uns der Entstehung der Redensart – mehrere Sorten für die Verwendung als Zimmerpflanze, allerdings ist die Aufstellung in kühlen Räumen Voraussetzung. Die Primel fühlt sich nämlich in für Menschen angenehmer Temperatur nicht wohl und hält sich daher als Topfpflanze im Warmen nicht lange. Diese Tatsache wird in übertragener Bedeutung seit dem 20. Jahrhundert als Redensart auf Menschen bezogen, die sich in einer bestimmten Umgebung nicht wohlfühlen und verkümmern.

»Jemandem ein Veilchen verpassen«

ein blaues Auge schlagen

Auch wenn in Gassenhauern wie ***»Blau blau blau blüht der Enzian«*** und ***»Kornblumenblau«*** andere Pflanzen als blau besungen werden und das Vergissmeinnicht, der Kriechende Günsel und vor allem die Glockenblume weiter verbreitet sind, gilt das Veilchen als die typische blaue Pflanze. Dabei sind Veilchen gar nicht richtig blau, sondern eher, wie ihr botanischer Name »viola« nahelegt, violett. Daher passt es ganz gut, dass das nach Handgreiflichkeiten gelegentlich davongetragene »blaue Auge« auch beschönigend ***Veilchen*** genannt wird, denn es hat seinen Namen von dem Bluterguss um den Augapfel herum, der eine Zeitlang ins Violette spielt. Auch der Zustand eines Menschen nach fortgeschrittenem Alkoholgenuss wird – warum auch immer – im Volksmund gern als »blau« bezeichnet, ***blau wie ein Veilchen*** nämlich. Das weltweit verbreitetste Veilchen ist gar keines: das so genannte Usambaraveilchen, das 1892 in Tansania entdeckt wurde und von dem jährlich 100 Mio. Stück verkauft werden.

»Vergissmeinnicht«

Pflanze mit Erinnerungsfaktor

Pflanzen haben manchmal merkwürdige Namen wie Ehrenpreis oder Männertreu. Ein Name, der gleich aus einem ganzen Satz wie »Vergiss mein nicht« besteht, ist aber selten (das »mein« beruht auf der Tatsache, dass das transitive Verb »vergessen« früher mit dem Genitiv stand). Bemerkenswerterweise ist das bei dieser Pflanze in vielen anderen Sprachen auch so, denn im Englischen, Französischen, Italienischen, Schwedischen und sogar im Chinesischen heißt das kleine Raublattgewächs mit den hellblauen Blüten entsprechend. Die eigenartige Bezeichnung ist schon seit dem 15. Jahrhundert bezeugt und geht wohl auf eine alte Legende zurück, die davon erzählt, dass die kleine unscheinbare Pflanze Gott im Paradies bat, sie bei der Namensgebung nicht zu vergessen. Allerdings gab der Volksmund im Laufe der Zeit auch schon mal anderen Pflanzen diesen Namen, zum Beispiel dem ähnlich blühenden Gamander-Ehrenpreis. Früher wurden Vergissmeinnicht-Sträußchen wegen des Namens als Liebesbeweis verschenkt.

»Brennen wie Zunder«

lichterloh entflammen

Feuer macht man mit Streichhölzern oder mit dem Feuerzeug. Als beides noch nicht erfunden war, blieb den Menschen nichts anderes übrig, als etwas mühsam selbst Feuer zu erzeugen, und zwar durch Reibung oder durch Funkenschlag. Die mithilfe von Feuerstein und Stahl erzeugten Funken wurden auf einem sehr leicht entzündlichen Medium aufgefangen, wo sich Glut entwickeln konnte. Dazu diente Zunder, der aus der Baumpilzart Zunderschwamm gewonnen wurde. Zur optimalen Wirksamkeit wurde der Pilz einem aufwendigen Bearbeitungsprozess unterzogen. Die entstandenen Feuerschwämme nahmen den Funken besonders gut auf und glommen lange weiter, so dass dieses Glimmen durch Zufuhr von Sauerstoff, also Pusten, zum Glühen und schließlich zum Entflammen gebracht werden konnte. Die Nachfrage nach Feuerschwämmen war so hoch, dass zu Beginn des 20. Jahrhunderts die Zunderpilze fast ausgerottet waren. Auch heute ist der Bestand gering, da der Pilz nur alte und durch Krankheit geschwächte Bäume befällt.

Kapitel 6

Exotische Pflanzen

»Mit Zitronen gehandelt«

Von treulosen Tomaten und starkem Tobak

»Empfindlich wie eine Mimose«

leicht aus der Fassung zu bringen, überempfindlich

Es gibt Pflanzen, die in der Lage sind, auf mechanische Reize zu reagieren. Bekannt ist die Venusfliegenfalle, die, wenn eine Fliege eine der auf der Blattoberseite befindlichen Dornen berührt, ihre Blätter blitzschnell zusammenklappt, so dass das Insekt gefangen ist und verdaut werden kann. Keine brutalen Auswirkungen hat der Berührungsimpuls bei der Mimose. Die ursprünglich aus Südamerika stammende Pflanze kann ebenfalls ihre gefiederten Blätter aus eigener Kraft bewegen, allerdings zum eigenen Schutz. Nach einer Berührung, aber auch nach Erschütterung oder schnellem Temperaturwechsel falten sich ihre Blätter zusammen und senken sich nach unten. Nach einigen Minuten strecken sich die zusammengeklappten Fiederblätter wieder auseinander. Wegen dieser Empfindlichkeit gegenüber Annäherungsversuchen – im Englischen wird die Mimose »*Touch-me-not*« genannt – wird der Begriff ***Mimose*** metaphorisch für einen sehr empfindlichen und übersensiblen Menschen verwendet, der ***mimosenhaft*** reagiert, wenn ihm jemand zu nahe tritt.

»Jemanden auf die Palme bringen«

eine Person wütend machen

Diese Redensart dürfte erst populär geworden sein, als in Deutschland die Palme als normalerweise nicht in unseren Breiten wachsender Baum bekannter wurde. Palmen wachsen ja in tropischen und subtropischen Gebieten, ihr einziges europäisches Verbreitungsgebiet war die französische Mittelmeerküste. Im Zeitalter des Kolonialismus fanden Palmen in der populären Literatur und Malerei als Symbole der Exotik und des Fernwehs Verwendung, und in botanischen Gärten wurden sie auch in Mitteleuropa kultiviert. Romantische Vorstellungen von der Südsee werden Bilder verstärkt haben, die bei der Kokosnussernte Palmenstämme empor kletternde Eingeborene zeigten. Solche Impressionen mögen zu der Vorstellung beigetragen haben, dass es grundsätzlich möglich sei, jemanden ***auf die Palme zu bringen***. Wahrscheinlicher ist, dass es sich hier um eine im Kolonialismus entstandene Variante der Redensart handelt, dass man vor Wut »*die Wände hochgehen*« könnte.

»Dahin gehen, wo der Pfeffer wächst«

sich sehr weit entfernen

Im Mittelalter würzte man mit heimischen Gewürzpflanzen wie Dill, Knoblauch oder Senf. Uns heute geläufige Gewürze wie Paprika, Zimt oder Muskat waren noch unbekannt oder wegen der sehr weit entfernten Ursprungsregion extrem teuer. Auch der heute so alltäglich erscheinende Pfeffer, also die Früchte des Pfefferstrauchs, kam aus Indien, was damals am anderen Ende der Welt lag. Wenig verwunderlich, dass das Land, ***wo der Pfeffer wächst***, die richtige Gegend zu sein schien, um jemanden, den man nicht leiden konnte, dort hin zu wünschen. Pfeffer war zeitweise sogar mehr wert als Gold. Als die Fugger und die Kaufleute der Hanse mit dem Gewürzhandel erhebliche Gewinne machten, wurden sie als ***Pfeffersäcke*** verspottet. Wegen des hohen Preises konnten nur reiche Leute das Gewürz erwerben; sie verwendeten es bei Gastmahlen oft verschwenderisch, um ihren Reichtum zu zeigen. Die Schärfe des Pfeffers trieb damals schon Tränen in die Augen, ähnlich wie hohe Rechnungen, weshalb man auch schon um 1600 von ***gepfefferten Preisen*** sprach.

»Rosinen im Kopf haben«

unrealistische Träume haben

Viele heutige Redewendungen gehen auf etwas anders lautende Varianten zurück beziehungsweise wandeln ältere Redensarten ab. Das ist auch bei den Rosinen, die Träumer im Kopf haben sollen, der Fall. Ursprünglich lautete die Wendung nämlich *»Große Rosinen im Sack haben«* und bezog sich auf reiche Kaufleute, denn Rosinen, also getrocknete süße Weinbeeren, waren im Mittelalter ein Luxusgut. Daraus entwickelte sich die heute noch gängige Variante, weil wohl Rosinen im Sack, also Reichtum, noch größere Rosinen im Kopf, also Illusionen, bewirken können. Da Rosinen heute gern als Backzutat, zum Beispiel in Milchbrötchen oder im Christstollen, verwendet werden, verleiten sie dazu, sie gezielt aus dem Gebäck herauszulösen und separat zu genießen. Wenn sich also jemand das Beste aus einer Sache heraussucht, beispielsweise aus einer Liste von Arbeitsaufträgen den attraktivsten, spricht man seit dem 19. Jahrhundert davon, dass er sich ***die Rosinen herauspickt***.

»Vorschusslorbeeren bekommen«

Hoffnungsträger sein

In einem seiner Gedichte sagt Heinrich Heine über Schiller, Goethe und Lessing, dass diese *»wahren Prinzen aus Genieland«* vom Publikum *»keine Vorschuss-Lorbeerkronen«* haben wollten; somit ist er der Erfinder der mittlerweile oft verliehenen ***Vorschusslorbeeren***. Heute wird der Begriff noch gern gebraucht, wenn von Anerkennung die Rede ist, die man sich erst noch verdienen muss. Besonders Sportler, deren Talent sich abzeichnet, werden mit solchen, noch unverdienten Lorbeerkränzen bedacht. Den Original-Lorbeer in Form der »corona triumphalis« durften im klassischen Rom siegreiche Feldherren beim Einzug in die Stadt tragen. Später wurde der Lorbeerkranz ein Attribut der Kaiser, und noch später erhielten ihn auch sportlich Triumphierende verliehen – die höchste Auszeichnung für deutsche Sportler ist heute noch das Silberne Lorbeerblatt. Leider hält so mancher Lorbeer, der vor allem von den Medien oft vorschnell verliehen wird, im Laufe der weiteren Karriere dem Druck nicht stand, vor allem, wenn der so Bekränzte mental kein Triumphator ist.

»Tomaten auf den Augen haben«

etwas nicht sehen

Die heutzutage weit verbreitete rote Frucht, deren Name vom aztekischen »xitomatl« abgeleitet ist, ist mit der ebenfalls aus Amerika stammenden Kartoffel, aber auch mit der Tollkirsche und dem Tabak verwandt. Nachdem sie als Nachtschattengewächs lange als giftig galt, kam die Tomate erst seit dem späten 19. Jahrhundert bei uns auf den Teller. Insofern sind Redewendungen, die die Tomate beinhalten, nicht sehr alt. Sie wurde in Europa erstmals in Italien angebaut. Italiener wurden daher Anfang des 20. Jahrhunderts noch nicht mit Spaghetti, sondern mit Tomaten assoziiert, ähnlich wie Deutsche mit Kartoffeln. Nachdem Italien, das im 1. Weltkrieg zunächst mit dem Deutschen Reich verbündet gewesen war, 1915 die Seite gewechselt hatte, bildete sich die Redensart von der ***treulosen Tomate*** als Ausdruck der Unzuverlässigkeit und Wortbrüchigkeit. Eine andere Redewendung dürfte dadurch entstanden sein, dass die Augen, wenn man übernächtigt ist, rot verfärbt sind. Wenn man dann nicht ganz aufmerksam ist und manche Dinge übersieht, sieht es so aus, als habe man ***Tomaten auf den Augen***.

»Von anno Tobak stammen«

veraltet sein

Tabak ist bekanntlich eine Pflanze der Neuen Welt, worauf auch der Name hindeutet, der von einer Antilleninsel stammt, wo das zum Tabakrauchen verwendete Rohr »tobago« genannt wurde. Europäer lernten Tabak erstmals kennen, als Christoph Columbus 1492 auf den Bahamas landete und ihm die Inselbewohner unter anderem Tabakblätter zum Geschenk machten. Damit konnten die Seeleute erst mal nichts anfangen, bis sie sahen, wie die Eingeborenen die zusammengerollten Blätter in den Mund steckten, anzündeten und den Rauch einatmeten. Durch Matrosen wurde das Tabakrauchen dann später in der ganzen Welt verbreitet. Als »Tabaco« gelangte das Wort nach Deutschland, wo er seit 1573 in der Pfalz angebaut wurde; 1880 wuchsen hier auf 20.000 Hektar Tabakpflanzen. Das ist lange her, weswegen sich der scherzhafte Ausdruck »anno Tobak« gebildet hat, analog zu der jahrhundertelang benutzten Formulierung »anno domini« / »im Jahre des Herrn«. Gemeint ist »in jenen alten Zeiten, als man statt Tabak noch Tobak sagte«.

»Das ist starker Tobak!«

Das ist eine Zumutung!

Der amerikanische Kontinent hat den Europäern einige nützliche Dinge beschert, die vor der Entdeckung durch Columbus unbekannt waren, zum Beispiel Kartoffeln, Mais und Tomaten. Die ebenfalls amerikanische Tabakpflanze ist dagegen ein Nachtschattengewächs, das zur Abwehr von Fressfeinden in seinen Blättern Gift einlagert. Dieses Gift, das nach Jean Nicot benannt wurde, der den Tabak als Heilpflanze in Frankreich einführte, wird seit 1492 von Menschen, denen ihre Gesundheit eher nicht so wichtig ist, als Genussmittel konsumiert. Wie jeder Raucher – und jede Raucherin – bestätigen wird, gibt es sehr unterschiedliche Tabaksorten, die hinsichtlich ihrer Stärke deutlich variieren. Dabei sind nicht nur die Nikotin-Werte entscheidend, sondern auch die beispielsweise in Zigaretten enthaltenen bis zu 12.000 verschiedenen chemischen Substanzen. Vielleicht hätte die Welt lieber den »Tabak« der Prärie-Indianer übernehmen sollen: In deren Friedenspfeifen rauchten Süßgras und Salbei.

»Jemanden ausquetschen wie eine Zitrone«

unter Druck eine Auskunft herbeiführen

Kaum jemandem ist bekannt, dass reife Zitronen eigentlich gar nicht gelb, sondern grün sind. Die Früchte werden für den europäischen Markt behandelt, wodurch sich die Schale vom Unreife suggerierenden Grün zum besser verkäuflichen Gelb verändert. Auch nicht bekannt ist, dass die Zitronenpflanze eine – allerdings schon vor über 1000 Jahren wahrscheinlich in Nordindien gelungene – Kreuzung zwischen der Bitterorange und der nur wenig Fruchtfleisch enthaltenden Zedrate ist, der so genannten Zitronatzitrone. Von fast jedem wird »Zitrone« mit »sauer« assoziiert, und so wird wegen des doch sehr herben Geschmacks normalerweise das Fruchtfleisch nicht gegessen, sondern die Zitrone wird ausgepresst, um den Vitamin-C-reichen Saft zu gewinnen. Dieser besonders in Erkältungsperioden in der Familie häufig zu beobachtende Vorgang führte zu der Redewendung, die aussagt, dass jemand unter erheblichem Druck dazu gebracht wird, alle Einzelheiten eines Sachverhalts auszuplaudern.

»Mit Zitronen gehandelt«

einen Verlust gemacht

Die beliebte gelbe Frucht ist eines der Symbole für den Süden, wo sie ja auch hauptsächlich, vor allem auf Sizilien, angebaut wird. In Goethes Gedicht vom *»Land, wo die Zitronen blühn«* ist sie, zusammen mit Orangen, Myrte und Lorbeer, Beispiel für typische Erzeugnisse des Südens. Seit dem späten Mittelalter wurden Massen von Zitronen von Süd nach Nord transportiert, wo sie wegen ihres hohen Vitamin-C-Gehalts begehrt waren, aber wieso sich eine Redewendung mit negativer Aussage gebildet hat, ist nicht bekannt. Eine naheliegende These besagt, dass der lange Transportweg nach Mitteleuropa früher mit dem Risiko verbunden war, dass ganze Ladungen unterwegs verfaulten und am Bestimmungsort wertlos waren. Ein anderer Auslöser für diese Redensart könnte sein, dass es um 1877 in München einen Gerichtsstreit darum gab, ob der Handel mit Zitronen ohne Legitimationsschein »unbefugtes Hausieren« und damit strafbar sei oder nicht. Das dortige Oberappellationsgericht erkannte auf schuldig. In beiden Fällen hatte man also ***mit Zitronen gehandelt***.

Stichwortverzeichnis

(Innerhalb der Artikel erläuterte weitere Redewendungen kursiv)

Redewendungen mit Tieren oder Pflanzen, die ihre Wurzeln im Mittelalter, der Bibel oder der Antike haben und in den anderen Regionalia-Büchern des Autors erklärt werden:

In »*Schwein gehabt – Redewendungen des Mittelalters*«:

Etwas durch die **Blume** sagen
Den **Bock** zum Gärtner machen
Ins **Bockshorn** jagen
Eine **Eselsbrücke** bauen
Auf den **Hund** kommen
Heulen wie ein **Schlosshund**
Katzbalgen
Das geht auf keine **Kuhhaut**
Einen **Pferdefuß** haben
Ross und Reiter nennen
Sich aufs hohe **Ross** setzen
Die **Sau** rauslassen
Unter aller **Sau**
Zur **Sau** machen
Seine **Schäfchen** ins Trockene bringen
Das kann kein **Schwein** lesen
Süßholz raspeln
Auf keinen grünen **Zweig** kommen

In »*Wer's glaubt wird selig – Redewendungen aus der Bibel*«:

Zum **Sündenbock** machen
Ein **Feigenblatt** tragen
Der Tanz um das goldene **Kalb**
Perlen vor die **Säue** werfen
Das schwarze **Schaf**
Wie eine listige **Schlange**
Einen **Lockvogel** benutzen
Ein **Wolf** im Schafspelz

In »*Das wissen die Götter – Redewendungen aus der Antike*«:

Das ist der **Zankapfel**
In den **Hundstage** schwitzen
Im **Wolkenkuckucksheim** leben
Einen **Löwenanteil** bekommen
Sich auf seinen **Lorbeeren** ausruhen
Aus einer **Mücke** einen **Elefanten** machen
Das ist ein trojanisches **Pferd**
Ein weißer **Rabe**
Einen **Schwanengesang** anstimmen
Eine **Schlange** am Busen nähren

Literaturverzeichnis

Duden: Redewendungen – Wörterbuch der deutschen Idiomatik, Mannheim 2002

Rolf-Bernhard Essig, Warum die Schweine pfeifen – Wundersames aus der Welt der Worte, Berlin 2009

Dominik Eulberg, Mikroorgasmen überall – Von der Raffinesse und Mannigfaltigkeit der Natur vor unserer Haustür, Köln 2021

Bruno P. Kremer, Klaus Richarz, Ins Bockshorn gejagt – Tierische Sprichwörter und blumige Redewendungen, Darmstadt 2015

Klaus Müller (Hg.), Lexikon der Redensarten – Herkunft und Bedeutung deutscher Redewendungen, München 2005

Karl Hugo Pruys, Perlen vor die Säue – Noch mehr populäre Redensarten, Berlin 2009

Lutz Röhrich, Lexikon der sprichwörtlichen Redensarten, Freiburg 2003

Roger Rössing, Wie der Hering zu Bismarcks Namen kam – Unbekannte Geschichten zu bekannten Begriffen, o.A.

Dr. Wort, Mich laust der Affe – Neues aus der Welt der Redewendungen, Reinbek 2012

Verwendete Internetseiten

https://de.wikipedia.org/wiki/Liste_deutscher_Redewendungen
https://www.redensarten-index.de

Bildnachweis

Archiv des Autors:

Seite 6–9, 14, 15, 20, 22–25, 28–31, 33, 39–42, 44–50, 53–63, 65–66, 68–72, 75–78, 81, 83–85, 87, 90–91, 101–103, 107–114, 117, 119, 120, 121

Gemeinfrei:

Seite 10, 12, 13, 16–19, 21, 26, 27, 32, 34–36, 38, 43, 51, 52, 67, 73, 74, 80, 82, 86, 88, 89, 94–100, 104, 106, 116, 118

Ebenfalls im Regionalia Verlag erschienen:

Das Original mit über 300.000 verkauften Exemplaren!

ISBN 978-3-939722-31-1

ISBN 978-3-939722-36-6

ISBN 978-3-939722-52-6

Jeweils 128 Seiten • 16,5 × 19,8 cm • Hardcover